丛书编委会

总 策 划: 来新国　王文成

编委会主任: 郭齐勇　周晓亮

编　　委: 来新国　陈知涯　张　彧　尹格韬　沈　众

王文成　孟淑贤　周长志　罗养毅　秦　丹

乌　琛

大家精要

八思巴

彭陟焱 叶小琴 著

Basiba

陕西师范大学出版总社

图书代号 SK16N1022

图书在版编目(CIP)数据

八思巴 / 彭陟焱，叶小琴著.— 西安：陕西师范
大学出版总社有限公司， 2020.1（2024.1重印）
（大家精要）
ISBN 978-7-5613-9340-6

Ⅰ.①八… Ⅱ.①彭… ②叶… Ⅲ.①八思巴
（1235—1280）—传记 Ⅳ.①B949.92

中国版本图书馆CIP数据核字（2019）第248711号

八思巴 BASIBA

彭陟焱　叶小琴　著

责任编辑	陈柳冬雪	
责任校对	郑若萍	
封面设计	张潇伊	
出版发行	陕西师范大学出版总社	
	（西安市长安南路199号　邮编710062）	
网　　址	http://www.snupg.com	
印　　制	永清县晔盛亚胶印有限公司	
开　　本	650 mm×930 mm　1/16	
印　　张	10	
字　　数	100千	
版　　次	2020年1月第1版	
印　　次	2024年1月第2次印刷	
书　　号	ISBN 978-7-5613-9340-6	
定　　价	45.00元	

读者购书、书店添货或发现印刷装订问题，请与本公司销售部联系、调换。

电话：（029）85303879　　传真：（029）85307864　85303629

目　录

引 言

至元十七年（1280）十一月二十二日，对于一刻也不曾停息更不会倒流的光阴来说，只是非常普通的一天，但是对于当时正统治整个中国的大元帝国来说，却是一个值得沉痛哀悼的日子，因为这一天，作为整个帝国的帝师兼萨迦派教主的八思巴圆寂，终年四十六岁。

八思巴用自己仅有的四十六年光阴，谱写了辉煌而壮丽的人生乐章。八思巴不仅学识渊博，一生著述宏富，而且他为了结束西藏分裂割据的局面，使人民过上和平稳定的日子，竭尽了自己毕生的精力，促使西藏地区归附于统一而强大的元朝中央政府。

此外，八思巴所创制的"八思巴字"也对文化的传播和蒙藏民族关系的发展产生了深远的影响。因此，我们可以毫不夸张地说，八思巴是藏传佛教发展史上的一代宗师，是继松赞干布之后藏族的又一位伟大的政治家，是对文化传播有着特殊贡献的文化学者和促进民族关系巩同发展的友好使者。可以说，八思巴是藏族史上乃至整个中华民族史上英雄式的杰出人物之一。

第1章

关于祖先的记忆

八思巴的家族名叫萨迦款氏，其始祖名为款巴杰。自贡却杰波创立萨迦派，又历经萨迦四位祖师的开拓进取，萨迦派发展为西藏地区最有实力的教派之一。八思巴之所以能够在13世纪的中国历史上发挥其特殊的作用，与他所生长的环境是分不开的。

一、"款氏"之由来

八思巴的家族姓叫作"款"，据说款氏的始祖为款巴杰。当年他的父亲雅邦杰看见森波迦仁茶麦的妻子雅珠司丽玛长得美丽动人，便打起了她的主意。后来，雅邦杰借故发兵进攻森波迦仁茶麦并将其杀死，然后将他的妻子据为己有，再后来生下一个儿子，就是款巴杰。由于这个儿子是在与人结仇后生下来的，因此雅邦杰为他取名为款巴杰（意为仇怨中出生），"款"代表"仇怨"。也许有人会奇怪怎么给孩子取这样不吉祥，至少是听起来不舒服或者容易令人想起不舒服的往事的名字呢？其实给孩子所取的名字与敌人、仇怨有关的做法并不罕见，当年蒙古乞颜部的首领也速该把阿秀儿在与塔塔儿部的战争中打了胜仗，并且杀死了他们的两个首领铁木真·兀格和豁里不花。为了纪念这次胜利，也速该特意为刚出世的儿子取名为"铁木真"。因此，我们揣测，这样的做法大概是为了起到一种提示和纪念的作用吧。

款巴杰从此便成了款氏家族的始祖。那么，款巴杰之前的款氏家族世系到底是怎样的呢？根据相关的史料记载，款氏家族属于神猴与罗刹女所繁衍的后代六大氏族（斯、穆、冬、东、查、楚）的冬氏中的一支。但是萨迦家族并不这么认为，他们认为自己的祖先是天神下凡。相传，天上有三位天神兄弟，按照长幼次序分别为吉仁、裕仁、裕赛。凡间的人们请求他们来做自己的主人，于是幼弟裕赛下凡做了人间的主人，并生有赛奇里四兄弟。后来，在与冬氏十八族交战的过程中，裕赛得到二哥裕仁的大力帮助，最终打败对方并将其收编为奴隶。裕仁后来娶了穆氏的典布为妻，生有玛桑七兄弟。兄弟七人中，六位兄长跟随父亲返回了天界，只有幼弟玛桑留在人间，并娶托拉沃钦的女儿托嘉乌嫫为妻，生下一子托察巴沃达。托察巴沃达娶鲁氏之女鲁嘉扎玛，生下一子鲁察达波沃坚。鲁察达波沃坚娶孟娥萨措玛杰为妻，生下一个儿子，即雅邦杰，他就是款巴杰的父亲。

虽然萨迦家族认为自己的祖先是天神下凡，但是我们却不能把这个当作信史，也就是说不能完全相信它的真实性。然而也不能完全置这些传说于不顾，因为我们总能从这些传说中找到还原历史真实的一些蛛丝马迹。我们甚至可以大胆猜测，款氏家族的起源传说，正好反映了军事民主时代各部落之间在相互征战中实现了彼此融合的一些情况，也许款氏家族就是在这样的融合之中逐渐形成的，这就像华夏族的主体是黄帝和炎帝部落，在彼此交战中逐渐融合而形成的一样。但是猜测毕竟只是一种或然性的推断，究竟其真实情况如何，那些暗淡的刀光剑影、远去的鼓角铮鸣，已经随着历史车轮的前行而远去了，只留下一路的滚滚黄尘。拨开历史的尘烟，还原历史的真相，这份重担得落在今后的学者们身上了。

二、筚路蓝缕，创兴萨迦

多数观点认为，款·贡却杰波（1034～1102）是萨迦派的创始人。藏族历史学家一般把贡却杰波修建萨迦寺的那一年，也就是藏历第一饶迥阴水牛年（1073），作为萨迦派创建的年代。关于贡却杰波创建萨迦派的事迹，我们暂且留待后文再详细介绍，现在先了解一下与这位萨迦派创始人的祖辈有关的一些奇闻逸事。

款氏家族的始祖款巴杰长大后，娶了一位名叫赞萨嘉普珍的女子，并生下一子。因为这个儿子聪慧又伟岸，实为世间少有，因此取名为款·官巴杰贡达（"官巴"意为稀少而珍奇）。款巴杰一家后来迁居拉堆的年孜（今为日喀则昂仁县、谢通门县辖地）一带。官巴杰贡达长大后被吐蕃王朝当时在位的赞普赤松德赞相中，授予内大相要职，并赐给大量财物。官巴杰贡达娶朗康巴译师之妹萨尼琼玛为妻，生下长子款·鲁易旺波、次子款·多杰仁波且（款·多杰仁钦）。其中，长子鲁易旺波乃吐蕃王朝最早出家的"七试人"（也叫"七觉士"，即印度佛教传入吐蕃的第一座真正意义上的佛教寺庙桑耶寺落成后，在赞普赤松德赞的大力支持下，由寂护担任堪布剃度的最早出家的七位僧人）之一，次子多杰仁波且也在吐蕃王朝身居要职。多杰仁波且娶没庐氏（"没庐"乃吐蕃大姓，在吐蕃王朝时期地位非常显赫，吐蕃赞普经常与没庐氏联姻，而且先后有好几位没庐家族的成员出任吐蕃大相）的没庐·扎都之女没庐·杨吉龙为妻，生有卓察七兄弟。有一次，没庐氏在年孜举行游艺比武活动，卓察七兄弟换了衣服和马匹轮流参加比赛。没庐氏知道后非常生气，认为这样做是对没庐氏的冒犯和挑衅，因此召集兵马对付卓察兄弟。卓察兄弟认为没庐氏是自己的母舅家，而且两个家族一直关系友好，何况天下这么大，总会有自己的容身之所，因此不愿意与对方交战而选择远远地退避到芒域、贡塘、色、望洛诺、娘夏卜、仲巴雅垅等地方。六位兄长都走了，只有幼弟留下来守护着父亲的那片土地，最终得到了没庐氏的谅解。

在退走他乡的六位兄长中，六哥喜饶云丹迁居到了仲巴雅垅地方，并生三子，其中长子楚臣杰波。楚臣杰波有三子，长子祖多喜饶生有七子，其中第五子款·格嘉迁居夏布地方，并有二子，长子款·格通，款·格通生一子款敦·泊波。款敦·泊波有一子释迦洛追。释迦洛追有三子，其中长子名叫款若·喜饶楚臣，次子就是萨迦派的创始人款·贡却杰波。

款·贡却杰波最大的功劳就是修建了萨迦寺，创建了萨迦派。在创建萨迦派之前，贡却杰波曾经向宁玛派高僧学习教法，而且师从自印度学法归来的卓弥·释迦意希译师，并从他那里学习了"道果法"的相关教法。正是在卓弥译师传授的"道果法"基础上，广泛吸收桂枯巴拉则译师、玛仁钦桥译师、郑巴译师等的教法，再加上自己的创新，贡却杰波最终创建了萨迦派。关于贡却杰波修建萨迦寺的事迹，还有一段非常有意思的传说。据传藏历第一饶迥阴水牛年（1073）八月的一天，他与众多弟子上山游玩，远远地望见仲曲河谷上部的本波山像一头横卧的大象，山脚右侧的山坡呈白色且油润，山脚下仲曲河湍湍流过。贡却杰波认为这是一个好地方，具足祥瑞之征兆，如果在此建寺，将会大大有益于佛教及众生。于是请求该地的主人觉卧那巴将那片土地卖给自己，并征得了该处领主象雄古热瓦及附近村庄的人们的同意。他们都表示可以不需任何代价将该地奉献，但是贡却杰波恐怕日后会因为这件事而引起不必要的麻烦，因此还是决意以一匹白骡子、一串珍珠、一套女装的代价将那片土地买了下来。最后寺院得以顺利竣工。因为寺院的院址位于今日喀则地区萨迦县仲曲河谷的萨迦地方，所以叫作"萨迦寺"（萨迦，意为灰色的土地。一般称其为萨迦旧寺或萨迦北寺，因为后来还修建有萨迦南寺）。因此，西藏佛教史家都以这一年作为萨迦派正式创建的时间。从这一年开始，款氏家族的这一支系与萨迦这个地名结合在一起，称为萨迦款氏家族。于是，萨迦这一名词现在也就成为地名、寺院名、教派名和家族名了。款·贡却杰波也因为其萨迦派创始人的身份而备受萨迦家族的尊崇和景仰。这一年，贡却杰波刚好四十岁，正是男人"四十而不惑"的年龄。

款·贡却杰波本来有一个妻子叫作多吉秀摩，但是直到他已经过了知天命的年龄，夫妻俩膝下也未有一儿半女。后来，贡却杰波娶了玛久尚摩（据说是领主象雄古热瓦的女儿），并于藏历第二饶迥阳水猴年（1092）生下一子，名叫款·贡噶宁波（1092～1158）。关于贡噶宁波的出生，也有一段比较曲折的传闻。据说贡却杰波与在主玛地方修行的南咔乌巴来往密切，常常与他交流佛法。有一天讨论到天就快黑了的时候，南咔乌巴没有留贡却杰波住宿，而对他说路上如果遇到因缘，就在噶孔垅地方住下。贡却杰波心里有些不高兴，同时有点奇怪，结果真的在路上遇到了一个背水经过的女子（该女子就是玛久尚摩），顿生爱慕之心，于是就在她家住宿了。玛久尚摩为贡却杰波生下了一个儿子，贡却杰波老来得子，当然十分高兴，因此就为他取名为款·贡噶宁波（贡噶宁波，意为众人喜欢）。

款·贡噶宁波，萨迦派历史上的"萨迦五祖"（"萨迦五祖"是指萨迦派早期对萨迦派发展起到过重要作用的五位祖师。依次是款·贡噶宁波、索南孜摩、扎巴坚赞、萨迦班智达·贡噶坚赞、八思巴）之首。贡噶宁波一生勤奋好学而不知疲倦。藏历第二饶迥阳水马年（1102），父亲贡却杰波去世的时候，贡噶宁波年纪尚幼，便与母亲商量将萨迦派交给巴日译师代为管理，自己则云游四方，广学佛法。他先后跟从许多高僧学习了不同的佛法。譬如，他曾师从章底达玛宁保学对法；师从琼仁钦扎和麦浪泽学《中论》和因明；师从吉曲巴扎拉拔学喜金刚；师从贡唐塘巴梅洛学胜乐和明王等教授；师从囊乌巴兄弟学密集和大黑天等密法。这一切使贡噶宁波增长了不少的见识。1110年，贡噶宁波已经长大并能够管理萨迦派的事务了，于是从巴日译师那里接管了萨迦派。从这一年开始直到他去世的1158年，贡噶宁波掌管了萨迦派整整四十九年。在这四十九年中，贡噶宁波始终非常勤奋，遍访各地名师高僧，学到了各种教法，甚至连父亲贡却杰波都没能从卓弥译师那里学到的教法也被勤勉的他学到了。而且，贡噶宁波一生还收了很多弟子，比如来自僧伽罗（今斯里兰卡）的僧人以及藏传佛教噶举派的许多支系的大师，甚至连苯教派来刺杀他的刺客也最终皈依了萨迦派。贡噶宁波用他一生的精力弘扬佛法，确立起了萨迦派的代表性学说，使萨迦派的影响日渐扩大。可以说，父亲以他的辛劳和智慧创建了萨迦派，贡噶宁波则使萨迦派逐渐走上兴旺发展的道路。正是由于贡噶宁波在佛法上的重大贡献，他被萨迦家族的后人尊称为"萨钦"，意思就是萨迦派的大师，所以款·贡噶宁波也可以叫作萨钦·贡噶宁波。

虽然贡噶宁波一生孜孜不倦追求佛法，但是他最终没有出家成为一名正式的僧人，他的继承人萨迦二祖索南孜摩也和他一样没有正式受戒成为僧人，他们都只是在家中潜心修行佛法。萨迦三祖扎巴坚赞虽然受了居士戒（佛教在家修行者所受之戒律，须遵守六重戒和二十八轻戒），但是也没有正式出家，因此他们三位合起来被称为"白衣三祖"（居士所穿的衣服通常为白色）。而后来的四祖萨迦班智达·贡噶坚赞以及五祖八思巴由于受了比丘戒正式出家，所以合起来称为"红衣二祖"（出家的僧人穿的衣服通常为红色）。本来贡噶宁波当时还是有可能出家的，据说上师吉曲哇圆寂时曾留下遗言，要求贡噶宁波出家，护持萨迦大寺。正当贡噶宁波准备按照吉曲哇的遗言出家的时候，上师南卡巴则对贡噶宁波说，他自己是与吉曲哇地位相当的上师，如果他不出家，或许对众生的利益更大。所以就这样，贡噶宁波没有出家为僧，但是他仍然掌管着萨迦寺，并且使萨迦寺的发展蒸蒸日上。从而我们可以猜测，萨迦派实行家族内传承，但偏偏萨迦家族人丁稀少，如果都出家了，偌大的萨迦派又由谁来掌管呢？也许由受人尊敬的上师出面要求具有一定的参考作用，但是贡噶宁波应该不会仅凭上师的几句话就下定决心的，他作出不出家的决定的也许是出于对萨迦家族既得利益的保护。

贡噶宁波先后娶了来自察绒地方的两姐妹为妻。其中妹妹觉江普玛生有长子贡噶拔。贡噶拔去印度摩揭陀学习佛法，但是在归来途中因不习惯当地的湿热气候而患上热病，最终客死异乡，年仅二十二岁。姐姐玛久俄珍为贡噶宁波生了三个儿子，即次子索南孜摩（1142～1182）、三子扎巴坚赞（1147～1216）、幼子贝钦沃波（1150～1203）。

索南孜摩生于藏历第二饶迥阳水狗年（1142），是"萨迦五祖"中的第二祖。索南孜摩幼年即跟随父亲学习佛法和梵文，后来师从噶当派桑浦内乌托寺第六任堪布恰巴·曲吉僧格等学习各种显密教法，譬如《中观》和《现观庄严论》。索南孜摩从小就十分聪慧，并且表现出对佛法的极度热爱，据说他三岁的时候就能讲《喜金刚》方面的三部经续、《胜乐根本续》和《集密心要论》。十七岁时已经能够流利、顺畅地讲解十四部经续，声名远播到印度恒河一带。

藏历第三饶迥阳土虎年（1158），父亲贡噶宁波去世，索南孜摩继承了萨迦派的法座，然而索南孜摩的志愿并不在此。在同一年，他把萨迦派的事务委托给当时年仅十二岁的三弟扎巴坚赞管理，自己则悄然离开萨迦寺，前往卫藏著名的桑浦内邬托寺学习佛法。当时桑浦内邬托寺正值高僧恰巴·曲吉僧格住持期间。在曲吉僧格的精心指导下，索南孜摩比较全面、系统地学习了《慈氏五论》《中观二谛论》《中观庄严论》《入行论》《量决定论除暗本释》和《量论除暗》等藏传佛教因明学的基础理论知识。当他学成返回萨迦寺的时候，也没有接管萨迦派的事务，而是找了个僻静的地方潜心修习密法，讲经传法，著书立说。藏历第三饶迥阳水虎年（1182）十一月十一日，索南孜摩圆寂，终年四十一岁。

索南孜摩一生著述颇为丰富，有《赞萨迦派》《道果续之祈词》《大修戒律之书牍》《赞上师恰巴》《续部总论》《喜金刚现观广论》《大灌顶之水》《六善住论》《金刚座之六法》《桑菩扎之词义》《上师传承之历史》《大食子之仪轨》《蓝不动金刚之护水等全部语诀》《入行论之纲要》《胜乐铃之小现观》《无我母之灌顶笔记——佛教之语诀类》《喜金刚续第二品之词义》《狮子吼之修行论》《入法门论》和《凡夫是顺行论》等。

索南孜摩虽然是萨迦派的第三任教主，但是他几乎没有亲自管理过萨迦派的事务。在他四十一年的人生历程中，大多数精力都用在了拜师求学和著书立说上。尽管如此，他在加强萨迦派与其他教派之间的关系、促进相互之间的教法探讨、印证其他教派的教理和论证萨迦派的道果教授等方面发挥了非常积极的作用。这一点是毋庸置疑的，也许正因为如此，他才被尊为"萨迦二祖"。

由于索南孜摩一生醉心于佛法，所以他没有子嗣。

扎巴坚赞是贡噶宁波的三子，索南孜摩的三弟。扎巴坚赞生于藏历第三饶迥阴火兔年（1147）十一月八日。与父兄不同的是，扎巴坚赞八岁时就从绛赛达哇坚赞那里受了居士戒，并且能够严守戒律。十岁时修习十二律仪和"莲花修法"，而且已经能够讲说《喜金刚怛特罗》，使得在场的听者十分惊异，因此尊称他为"罗哲钦布"，意思是非常有智慧的人。十二岁那年，扎巴坚赞接受二哥索南孜摩的委托代为掌管萨迦派，二十六岁时正式接替索南孜摩成为萨迦派第四任教主。在掌管萨迦的五十多年中，扎巴坚赞始终不遗余力地发展萨迦派。他在位期间修建了萨迦寺大屋顶旧殿，修建了纪念贡却杰波的黄金灵塔，修建了纪念贡噶宁波的多门塔，修建了纪念索南孜摩的黄金佛像。他的一个名叫觉本的弟子被西夏国王奉为国师。据说觉本从西夏给萨迦寺送去银器、奇稀之咒士衣和鹿皮华盖等大量财物以供奉三宝，从而开启了萨迦派与北方各民族文化交流的道路。另有印度佛教学者喀且班钦·释迦室利于1204年因躲避战乱从印度逃到西藏，扎巴坚赞曾邀请他前去萨迦寺讲学。这些事例无不说明当时萨迦派的实力已经有增无减，大有超出当时西藏其他各教派的势头。

扎巴坚赞同时是一位知识渊博的佛教学者。他曾先后拜兄长索南孜摩，高僧年·祖多杰布、香·慈成扎、娘·旺嘉，尼泊尔泽雅赛那，译师达玛云丹松巴·华却当布多吉等修习《喜金刚根本续》和《注释续》等相关的仪轨以及密集、胜乐、时轮等无上瑜伽母法，掌握了萨迦和其他教派的很多基本理论和修持方法。扎巴坚赞活了七十岁，他于藏历第四饶迥阳火鼠年（1216）二月十二日圆寂，相比他的父兄，他的寿年是最高的，因此他有更多的时间和精力从事佛学研习。他的著述涉及显密教法、戒律、历史、医药、天文等，内容十分广泛，并且产生了较大的影响。其中比较重要的有《道果传承祈祷》《道果传承祈祷略论》《喜金刚续第二回正释》《喜金刚三续现观宝树》《续部一百十一之节》《至尊萨迦派钦布贡噶宁波传》《索南孜摩传颂》《金刚帐章节》《初十供》《那若空行修法》《瑜伽母普行广释》《独雄成就续广释》《二十一业资粮广释》《三圆满库巴之目录》《现观六支论》《上师五十颂广疏》《修行百本广释》《释迦佛传》《二十律仪释》《入行论章节》《医药王之宝库》等。在萨迦五祖的全集中，有超过三分之一的论著都是扎巴坚赞的，他的著述宏丰由此可见一斑。

扎巴坚赞在位期间以他非凡的智慧确立起了道果教法的理论体系并完善了修持方法，同时在修缮和扩建萨迦寺等方面耗费了大量精力，使得这个时候的萨迦派的影响由后藏地区扩大到了其他地区，并逐渐超过其他教派的实力。因此，他被萨迦家族的后人尊为"萨迦三祖"。

扎巴坚赞和兄长索南孜摩一样，一生没有娶妻生子。

贝钦沃波生于藏历第三饶迥阳铁马年（1150），是贡噶宁波的幼子，贡噶拔、索南孜摩和扎巴坚赞的幼弟。贝钦沃波没有担任过萨迦派的教主，而是担负起了延续萨迦家族香火的重任。但是在那样的家庭环境和时代背景下，贝钦沃波也修习过佛法，据说他热衷于医学，曾为很多人治过病，写过一本叫作《医学日光八支论》的医学专著。由此看来，贝钦沃波也是一位博学的人，还可能是一位出色的医生，只不过在那个非佛教不详谈的时代，他的事迹也就显得有点微不足道了。但是，这仍不妨碍他成为一个对萨迦家族起到过重大作用的人，因为他是两个伟大儿子的父亲。他的两个儿子，一个就是萨迦班智达·贡噶坚赞（1182～1251），是对萨迦派的发展和西藏历史的走向都产生了重大影响的萨迦家族的大学问者；另一个是桑察·索南坚赞（1184～1239），也就是我们的主人公八思巴的生身父亲。

贝钦沃波于藏历第三饶迥阴水猪年（1203）去世，终年五十四岁。

三、父亲和伯父

世俗首领

桑察·索南坚赞生于藏历第三饶迥阳木龙年（1184），是贝钦沃波的次子。索南坚赞幼年时期就跟随伯父扎巴坚赞学习佛法，但是这时萨迦款氏家族已经形成兄弟几人中幼弟留下来繁衍子孙并掌管家族世俗事务，其余的兄弟全部出家为僧的传统，所以身为幼子的索南坚赞没有出家，成为萨迦款氏家族的世俗首领（因为此时的萨迦及周围地区已经差不多形成了以萨迦款氏家族为核心的割据一方的地方势力）。他在位期间，为萨迦寺修建了围墙，并且开设商市，建立谿卡（封建庄园）、村庄和牧场，使得萨迦分裂割据势力的经济实力大大增强，同时也为萨迦派的发展提供了强有力的经济基础。

索南坚赞先后娶了五个妻子。其中第一个妻子玛久贡吉生了八思巴和恰那多吉（1239～1267）；第二个妻子玛久觉卓生了仁钦坚赞（1238～1279）和女儿多岱；第三个妻子拉久则玛生了两个女儿索南本和尼玛本；第四个妻子觉摩霍江生了一个女儿仁钦迥乃；第五个妻子多吉丹（原是第三妻的侍女）生了意希迥乃（1238～1274）。

藏历第四饶迥阴土猪年（1239）十二月二十二日，桑察·索南坚赞在拉堆去世，终年五十六岁。

萨迦班智达

客观来说，对八思巴一生影响最大的人，不是他的父亲桑察·索南坚赞，或者其他什么人，而是他的伯父——藏族著名的班智达（班智达，出自梵文，意思就是精通大、小五明的学者。其中，大五明指：工巧明，即工艺学；医方明，即医学；声明，即声律学；因明，即正理学，也就是逻辑学；内明，即佛学。小五明指：修辞学、辞藻学、韵律学、戏剧学、历算学）是萨迦派的第五任教主，同时也是"萨迦五祖"中的第四祖萨迦班智达·贡噶坚赞（通常简称"萨班"）。可以说，父母虽然生下了八思巴，而担负起培养重任的则是伯父萨班。八思巴身体的成长、个性的培养、学识的积累等受到萨班的影响远远超过其生身父母的影响，所以萨班可以说是成就八思巴一生的重要导师。

　　萨迦班智达·贡噶坚赞，原名贝丹顿珠，"吉祥义成"之意，生于藏历第三饶迥阳水虎年（1182）二月二十六日。关于贡噶坚赞的出生，还有一个有趣的故事。据说当贡噶坚赞投入母胎的时候，母亲曾梦见一个诸宝严饰、光彩夺目的龙王前来要求借一个住宿的地方。当他进入母胎后，使得母亲升起了三摩地。他出生时天空佛光普照，出生后即能随口说出一些梵语来。母亲对这感到既惊讶又担忧，于是把这事告诉了他的父亲。父亲懂得梵语，看过之后十分欣慰，认为是神童下凡。除此之外，贡噶坚赞还能用手指书写楞扎字等印度文字的全部元音、辅音字母，并能念诵。总之，不管接触什么语言，他总是能够无师自通。

　　当然，这毕竟只是传说，故事情节有夸张虚构的成分也是在所难免的。不过，我们还是能够从中读出一些东西来的，那就是贡噶坚赞生活在那样的家庭环境中，深受家庭环境的熏陶，所以他很小的时候就表现出对佛法的热爱，再加上他在这方面确实有一定的天赋，学东西可能比一般人快。其实不只是贡噶坚赞在孩提时代就表现出超人的智慧，在萨迦家族后人所撰写的史籍里，但凡在佛法上有所成就的先辈（如"萨迦五祖"），他们的童年一定是不同常人的。他们从小受到家庭环境的影响，所接触到的人和事大多是与佛法有关的，或许在家族内成员（如父祖、伯叔等）的因势利导下，他们的童年就极有可能与佛法为伴了，他们的人生轨迹也极有可能与佛法紧密相连，这种情况，我们姑且叫作"佛教世家"吧。

贡噶坚赞同样从小就跟随伯父扎巴坚赞学习佛法和梵文，受沙弥戒后，改法名为贡噶坚赞。贡噶坚赞九岁时就能说法，十八岁修习了《俱舍论》。二十五岁那年，也就是藏历第三饶迥阳火虎年（1206），贡噶坚赞在夏鲁地方娘麦坚寺从喀且班钦·释迦室利受比丘戒，正式出家为僧。贡噶坚赞成为萨迦派教主中第一位正式出家的僧人。根据惯例，贡噶坚赞取其师名字的一部分，也就是将贝桑波加在自己名字的后面，称为贡噶坚赞贝桑波。贡噶坚赞年轻的时候曾云游前、后藏的很多地区，遍访高僧拜师学艺，他先后修习声明、因明、工巧明、医方明、内明等五明知识，精通或修习过《声明集分论》《旃陀波罗经》《集量论》《集量七注》《般若波罗蜜多略述》《论藏》《律藏》《经藏》《庄严经》《法严经》《三摩地之热兆》《道之除障论》《次第生智论》《佛母本生受生法》《论道之分界》等经典，他因此成为远近闻名的大班智达。据说有一些人不服贡噶坚赞的"班智达"称号，认为他不够资格获得这个称号，先后有以绰杰噶瓦为首的一批信奉大梵天的印度人和一个叫伍由巴·日贝僧格的佛教僧人专程前往西藏与贡噶坚赞进行辩论。经过非常激烈的辩论，结果他们都败给了贡噶坚赞，于是纷纷拜他为师，成为贡噶坚赞的座下弟子。

贡噶坚赞一生著述繁多，所涉内容精深而博大，大多数都保存在《萨迦五祖全集》中。这些著作主要包括《能仁教理明释》《经义嘉言论》《乐论》《学者入门经》《入声明论》《祈愿如来发大悲心》《语门摄要》《诗律花束》《藻饰词论藏》《因明库藏》《三仪律差别论》《医论八支摄要》《法理通用学者入门》《诗论学者口饰》《嘉言宝藏论》《佛像度量论》《释迦牟尼赞》《桑耶寺赞》《大发心经论》《十法行》《大乘道论概要》等。另外，贡噶坚赞还有一部著作值得一提，那就是他的《萨迦格言》。《萨迦格言》是贡噶坚赞从印度佛教学者龙树（古印度大乘佛教中观派创始人，精通佛法。其著作主要有《中论》《十二门论》《大智度论》等）等人的格言诗集《百智论》《益世格言》《修身论智慧宝树》《颂藏》《百句颂》等中选辑若干，综合自己创作的三百余首，并继承吐蕃时期以来的格言诗传统，汲取藏族民间文学的营养，加工汇编成的独具藏族文化特色的、以四句七音部为基本规律的格言体诗歌。全书共分为观察学者品、观察贤者品、观察愚者品、观察贤愚间杂品、观察恶行品、观察正确处事方法品、观察不正确处事方法品、观察事物品、观察教法品九章，总计四百五十七首。贡噶坚赞从宗教的角度出发来观察和评论各种社会现象，提出为人处世、待人接物的一系列主张，内容多涉及扬善贬恶、皈依佛法等。在《萨迦格言》中，作者以富有哲理性的诗句，提出了很多政治上的见解，透露出这位出家人对于国家大事的关心和对人民忧乐的关怀。譬如：

国王应遵照佛法护国安民，不然就是国政衰败的象征；
如果太阳不能消除黑暗，那就是发生日蚀的象征。

被暴君统治的百姓，特别想念慈祥的法王：

被瘟疫缠身的牲畜，特别渴望纯净的雪水。

君王对自己的臣民，施以仁慈和护佑；
臣民对自己的君王，也必定尽忠效力。

经常以仁慈护佑属下之王，就很容易得到奴仆和臣民；
莲花盛开的碧绿湖泊里，不用召唤，天鹅也会飞集。

在暴虐的国王统治下面，在快要坍塌的楼房下面，
在行将崩溃的山岳下面，使你时时刻刻胆战心惊。

《萨迦格言》作为藏族第一部格言体诗集，并且由于善用比喻、语言洗练、形象鲜明，能够做到雅俗共赏，因此在藏族文学史上占有举足轻重的地位。16世纪的《格丹格言》，18世纪的《水树格言》，19世纪的《国王修身论》《火的格言》《天空格言》《宝贝格言》等都不同程度地受到《萨迦格言》的影响。如今，《萨迦格言》已经被译成蒙古文、汉文、英文、日文、匈牙利文等多种文字，在国内乃至国际上都有一定的影响力。

贡噶坚赞不仅是一位深谙佛法的大学者，还是一位心系天下的政治家。藏历第四饶迥阳火鼠年（1216），伯父扎巴坚赞圆寂后，贡噶坚赞就担负起了护持萨迦派的重任。在他担任教主期间，萨迦派的实力继续增强，萨迦派的影响也继续扩大，出现了东、西、上部弟子，并分出了数个拉章来。当时西藏正处于自吐蕃王朝瓦解以后的分裂割据时代，出现了许多实力不等、雄踞一方的地方势力，他们彼此互不统属，因而造成了西藏地区的分裂局面。恰在此时，西藏以外的其他地区正发生着风起云涌的变化。北宋王朝以正统自居，它的经济发展水平（尤其是在人均收入等方面）显然胜过之前的大唐帝国，尽管

宋太祖有着"黄袍加身"的野心，也不乏"杯酒释兵权"的魄力，但是帝国的疆域却再也无法与大唐帝国相比，他本人对于周边少数民族的威慑力，比起有着"天可汗"之称的唐太宗也略逊一筹。这个时候，少数民族与汉族的力量对比正在发生着微妙的变化，在宋王朝周围，陆续出现了几个相对强大的少数民族政权，譬如辽、西夏、金等，它们都曾与宋王朝进行过角逐。之后，北方蒙古悄然崛起，并很快参与到这场角逐当中，而且成了最终的赢家，建立了中国历史上第一个由少数民族建立的全国统一的封建政权。贡噶坚赞担任萨迦派教主的时代，也正是蒙古汗国逐步实现内部统一，并逐步走向对外开拓之路的时代。蒙古汗国分别于1227年和1234年灭掉西夏和金国，它的最终目标是征服偏安一隅的南宋王朝。所以，西藏地区成了蒙古汗国灭掉南宋的一个很重要的后盾，因此也就有了1247年贡噶坚赞与阔端的"凉州会晤"。1244年，贡噶坚赞已经是六十三岁高龄的老人了，为了利益西藏及众生，更为了萨迦派之前途以及佛法之弘扬，他不顾自己年老体迈和个人安危，毅然带着两个侄子，也就是我们的主人公八思巴和他的胞弟恰那多吉前往凉州（今甘肃省武威市）与阔端会晤。经过凉州会晤，西藏在没有经历战火的情形下归附了蒙古汗国，萨迦派因此成为蒙古汗国和之后的元朝政府在西藏地区的代言人，也使萨迦派的势力得到进一步的扩张，这一切与贡噶坚赞的果断决策有着密切的关系。

藏历第四饶迥阴铁猪年（1251）十一月十四日，贡噶坚赞在异乡的凉州圆寂，享年七十岁。

四、时势造英雄

"时势造英雄"乃十分典型的马克思辩证唯物主义观点，至于它的内涵，一言以蔽之，伟大英雄人物所处的时代背景和家庭环境是造就伟大人物的先决条件。伟大也好，平凡也罢，都是社会及他人对个人的评价，那么如何评价一个人的伟大与平凡，或者说一个人是否可以称得上英雄呢？用马克思的观点来讲，就要看个人对他人及社会的价值，也就是个人是否做了对他人及社会有益的事情以及在多大程度上做了对他人及社会有益的事情。"有益的事情"在不同的时代、不同的社会形势下具有不同的概念，也许在前一个时代有益的事情，在后一个时代就变成了无益甚至有害的事情，所以在前一个时代可以称为英雄式的壮举，在后一个时代也许就会变成狗熊般的做法了。这样的例子是很多的。孔子如今是万世景仰的圣人，在国际上成了中华文化的一个符号，但是在孔子生活的春秋时代，他的思想并不像后来那么受到重视，至少忙于征战的诸侯们不会"罢黜百家，独尊儒术"。再比如臭名昭著的希特勒，在法西斯横行的时代是被很多人崇拜的"元首"。所以，八思巴之所以能够成为国师乃至帝师，这与他所处的时代背景和家庭环境有很大的关系。

从时代背景的角度看，日益强大的蒙古在八思巴出生的前夕已经先后灭掉了西夏和金国，而蒙古的最终目标是灭掉南宋，统一全国，所以对西藏地区的征服也是蒙古汗国统一中国的应有之意，并且对西藏的征服还有利于最终的灭宋大计。但是，西藏地区独特的高寒环境让很多人都无法适应，这给所向披靡的蒙古骑兵以武力征服西藏带来了一定的困难，而且蒙古人通过对西藏地区的侦察（1239年，阔端派部下多达那波率领小股军队前往藏北一带进行试探性的军事活动），了解到西藏当时各派势力各自为政、互不统属的局面，加上西藏地广人稀，即使用武力征服了西藏，管理起来也存在不少困难。更重要的是，西藏人民已经饱受分裂带来的痛苦，所以实现统一是众望所归。在西藏各大教派势力中，主张归附蒙古汗国的人占到了多数。八思巴就诞生在这样一个大的时代背景之下，所以留给他尽情展现才能的历史舞台显得格外广阔。

　　说完了时代背景，再来说说八思巴所生活的家庭环境。在他出生之前，经过他的数十代祖辈，尤其是自款·贡却杰波以来的几代人的开拓经营，萨迦派从无到有，由弱而强，并最终明显超出其他各派的实力，成为几乎代表西藏的一大政教势力集团。可以说八思巴是顶着家族的光环出生的，在这样的家庭环境下，他成为英雄的可能性极大。另外应当特别指出的是，八思巴所出生的家族乃是"佛教世家"，因此，他一出生就受到家族内部佛教氛围的影响，加上父辈的积极引导，尤其八思巴的伯父，也就是学富五车的贡噶坚赞，无论是身教还是言传，他给予八思巴的教诲都是无比巨大的，这使得八思巴在佛法研修上取得非常重大的成就也就不足为奇了。

　　一个伟大的英雄就要诞生，一场巨大的风云变幻即将来临！

第2章

天降大任于斯人

八思巴自幼聪颖好学，在萨班的精心栽培下，很快便熟读佛经，并能讲经说法。当时，北方的蒙古民族日渐强大，试图统一包括西藏在内的整个中国。八思巴兄弟跟随伯父萨班前往凉州，与蒙古王子阔端商谈西藏内附大计，并获得圆满成功。而蒙古大汗贵由暴毙，汗系转移至拖雷系，萨班、阔端又相继去世，致使萨迦派面临前所未有的挑战。于是，改变萨迦派处境的重担，历史般地降临在八思巴身上。

一、萨迦派的灵童

时间进入藏历第四饶迥阴木羊年（1235），桑察·索南坚赞已经成为萨迦派的世俗首领，在他的经营下，萨迦派的经济实力大为增强；在宗教方面，有身为萨迦班智达的兄长贡嘎坚赞主持教务，萨迦派的宗教影响力也与日俱增。兄弟俩齐心协力，努力扩大萨迦派的影响力，其势力大有超出其他各派的趋势，一跃成为西藏地区最有影响力的教派。总之，此时萨迦派的发展所呈现出来的繁荣景象是贡却杰波初创萨迦之时怎么也无法匹敌的，贡却杰波或许也没有想到他一手创立的萨迦派会有今日的巨大成就。然而，在索南坚赞心里始终有一个结——尽管他有不止一个妻子，而且她们也为他生下了几个可爱的女儿，但是时至今日，他还没有一个男性子嗣，这个结已经纠缠了他很久很久。萨迦派发展到如今的规模，的确是值得庆贺的事情，但是如果没有男性子嗣，那就是后继无人了，要真是那样的话，叫他怎么向列祖列宗交代呢？又怎么对得起创立萨迦派的贡却杰波呢？这是他最担心的事情。

这一年的三月六日，对于桑察·索南坚赞来说，实在是一个不同寻常的日子。这天，整个鲁孔庄园弥漫着紧张的气息，庄园的下人们也显得格外忙碌，索南坚赞在门外不停地踱来踱去，脸上写满了焦躁，因为他的长妻今天就要临盆了。虽然他已经是几个女儿的父亲，但是今天他还是特别紧张：一方面是为妻子玛久贡吉担心，她与自己结发多年，感情一直不错，虽然身为长妻，但这还是她第一次生产。另一方面，索南坚赞内心多么渴望妻子这次能够为自己生下一个儿子，只有这样才能使萨迦款氏家族长盛不衰。索南坚赞还在来回踱步，脑海里渐渐浮现出自己从前修行时所遇到的一系列玄幻之景：那时，索南坚赞正在修习毗那夜伽（象鼻天），有毗那夜伽神前来，用象鼻将他托起到达了须弥山的山顶，对他说："你看！"索南坚赞十分惊惧，不敢眺望远处，仅仅看见了卫、藏、康三区等吐蕃地面。毗那夜伽神叹了口气十分惋惜地说："你没有福分啊，本来你是有机会统治你所能看到的全部地区的，由于你没能迅速尽收眼底，所以你无缘统治，只好等你的子孙后裔来做卫、藏、康的统治者啦！"那时，索南坚赞没有儿子，求子心切，他便恳求毗那夜伽神赐给款氏家族一个男性子嗣。于是，毗那夜伽神在萨迦西南贡塘地方的高僧萨顿日巴身前显身，要求他转生去做索南坚赞的儿子，以便日后统治卫、藏、康地区……

八思巴就是在这样的氛围中诞生了。我们完全可以想象已经年过半百仍未有男性子嗣的索南坚赞，当他获悉自己老来得子的时候该是多么地激动。这个孩子来得太合时机啦，他简直就是款氏家族的福星啊。而事实上也的确如此，因为在萨迦派产生之初就实行家族内传承，也就是说萨迦派的教主只能由款氏家族内部的成员担任，并且兄弟几人中只留一人延续香火，其余全都要出家。索南坚赞就扮演了这样的角色，他肩挑着为款氏家族延续香火的重任，所以将来在法王萨班圆寂之后，萨迦派的下任教主将是他索南坚赞的儿子，因此，八思巴诞生的意义之重大也就可见一斑了。其实，八思巴当时并不叫作"八思巴"，这个名字是后来由于他聪颖过人，别人这么称呼他的，意思是"圣者"。八思巴的本名叫洛追坚赞，由于他是羊年所生，所以小名叫"娄吉"，意思就是"羊年出生的人"。

既然是"圣者"，那八思巴的聪明才智一定高于一般人了。据说他三岁时就能口诵《莲花修法》，众人大异，赞叹他果真是一位圣者，于是他的"圣者八思巴"之名迅速传开了。到底八思巴天资聪颖到何种程度，我们现在已经无法眼见为实了，但是他成年之后的一系列著作足以说明他是一个博学的人。不过可以肯定地说，他一出生就受到了家庭环境的熏陶，同时作为索南坚赞当时唯一的儿子以及萨迦派教主萨班的法定继承人，他的成长应该受到父亲和伯父的高度重视，对他的栽培理所应当、尽心竭力。作为贡塘地方高僧萨顿日巴转世的他，据说有很多东西生来就无师自通或者一点即通，并且他还知道自己乃是萨顿日巴大师转世，当萨顿日巴大师的两位弟子前来时，他竟能叫出他俩的名字，使得对方对八思巴崇敬有加。可见，他就是萨迦派的一个灵童，他的诞生为萨迦派带来了无尽的希望。

为了八思巴的成长和萨迦派的未来，索南坚赞与妻子玛久贡吉商议，决定将八思巴送到法王萨班那里学习佛法，虽然不舍，但还算果断。于是，年幼的八思巴就被送到了伯父萨班的身边，成为他的入室弟子，以至于八思巴的一生都受到了萨班的重大影响，对于父亲的记忆就少得多了。尤其是在藏历第四饶迥阴土猪年（1239），桑察·索南坚赞去世后，萨班几乎成了年仅五岁的八思巴唯一的监护人，他不仅要关心八思巴学业上的进步，同时还要照料他的生活起居，在潜移默化之中，八思巴受到萨班多大的影响也就可想而知了。

在萨班的关怀下，加上自身的天资聪颖，八思巴进步很快，三岁时能口诵《莲花修法》，四岁时跟随萨班去吉隆地方参观帕瓦底寺，到八岁的时候已能记诵《佛本生经》，这和他的父辈祖先的光辉童年的确有着惊人的相似之处。看到小小年纪的八思巴有如此慧根，萨班打心眼里感到欣慰。藏历第四饶迥阴水兔年（1243），萨班举行预备法会，前来听法的除了僧人之外，还有不少的世俗人士。年仅九岁的八思巴在法会上讲说《喜金刚续第二品》。一开始，大家都没在意这个乳臭未脱、声音稚嫩的幼童，直到八思巴一本正经地说起了《喜金刚续第二品》之法，并且讲得头头是道之时，那些精通教法的僧人才显出了诧异的神情，继而放下原来的倨傲，静心听受。经过这次法会，八思巴的名气更大了，萨班也对这个日后将成为自己法定继承人的侄儿更加满意了。

二、来自北方的苍狼

在美丽的呼伦贝尔大草原上，有一条发源于大兴安岭西麓的古老河流，它的名字就叫作"额尔古纳"。河流沿岸土地肥沃，水草肥美，这片土地养育过无数古代民族，其中就包括曾经无敌天下的蒙古诸部。

今天的蒙古是指整个蒙古族，乃苍狼与白鹿的后代。但是历史上的蒙古诸部属于大室韦的一支（4世纪中叶，鲜卑人的一支，居于今呼伦贝尔地区，称为"室韦"。6世纪以后分成南室韦、北室韦、钵室韦、深末怛室韦、大室韦等），称为"蒙兀室韦"，居住在呼伦湖以南的山林地带，最初只包括捏古斯部和乞颜部两个氏族，他们被其他部落打败后逃到额尔古纳河以南的山林地区继续繁衍生息。

大约经过四百年的时间，也就是到了8世纪，蒙古部才又逐渐兴盛起来，并从原来的氏族中分出若干分支，这些分支被称为"迭儿勒勒蒙古"。10～12世纪，迭儿勒勒蒙古经过不断的发展，形成了十八个部落，包括兀良哈惕、弘吉剌惕、斡罗纳兀惕、许慎、速勒都思、亦勒都儿勒、巴牙兀惕、轻吉惕、泰赤乌、汪古、克烈、乃蛮、吉利吉思、塔塔儿、蔑儿乞、八刺忽、斡亦剌、乞颜部。这十八个部落并不统一，他们彼此征战，不仅荼毒无数生灵，而且造成各部落力量分散，经常遭受外族的凌辱……

苍狼之后

1162年农历七月的一天，蒙古乞颜部的首领孛儿只斤·也速该把阿秃儿和他的勇士们与塔塔儿人的激烈鏖战后，终得以凯旋，大家都分享着牛羊、金银等战利品。此外，他们还俘获了塔塔儿人的两个首领铁木真·兀格和豁里不花。真是无巧不成书，也正是在这一天，也速该把阿秃儿的妻子弘吉剌氏·诃额伦产下了一名男婴。这个孩子出生时手握一块凝血，就像一根"苏鲁锭"长矛似的。此乃长生天所降之祥瑞呀！这个男孩日后定有不凡的作为。也速该把阿秃儿十分高兴，将刚出世的儿子举过头顶："为祭奠打败塔塔儿人的勇猛之士，这个孩子就叫'铁木真'吧！"

这的确不是一个泛泛之辈，13世纪的蒙古草原将是他充分展现、尽情表演的大舞台，而他的名字，也将会在未来的岁月里传遍四方六合，甚至连多瑙河沿岸的欧洲人提起他的名字时也是敬畏有加。他就是孛儿只斤·铁木真（成吉思汗）———一个享有"世界征服者"威名的苍狼之后。

孛儿只斤·窝阔台是铁木真的第三子。在铁木真的眼里，最有能力继承他的事业的就是三子窝阔台和幼子拖雷，但天无二日、国无二主，在这两个儿子中，他一直犹豫着，难以抉择，不知道应该把自己一手创立起来的蒙古汗国交给谁更加合适。一方面，拖雷很有谋略，同时按照蒙古人"幼子守灶"的传统，拖雷理应成为蒙古汗国的首领。不过，尽管铁木真很喜欢这个小儿子，但是在他看来，拖雷有一个最大的不足，就是过于心慈手软。因为作为一个国家的首领，尤其是在肩负着开疆拓土重大任务的时期，一定要当断则断，必要时甚至不惜牺牲一切，如果不能做到这点，后果是不堪设想的。一千多年前的项羽就是个很好的例子，鸿门宴上一时的妇人之仁，痛失了一次除掉劲敌的大好机会，最终落得个四面楚歌、身死国灭的下场，霸王别姬的凄凉与英雄末路的悲壮至今仍令人扼腕而唏嘘。但是窝阔台就不一样了，他被公认为是黄金家族中一位很有头脑的人，更为重要的是，在他身上，铁木真更能找到自己的影子。窝阔台一点也不缺乏蒙古勇士所应当具备的坚毅果敢，甚至可以用杀人如麻来形容。窝阔台有一个"爱好"，那就是喜欢将那些鏖战中被杀死的敌人尸首的耳朵割下来一层一层地垒起来慢慢地点数。因此，铁木真临死之前，作出了让窝阔台继承汗位的艰难抉择，并且让几个儿子在病榻前立下文书：坚决拥护窝阔台。尽管汗位只能由一个人来坐享，铁木真还是希望他的儿子们在他死后能够像阿兰老祖母当年所讲的故事那样齐心协力，实现蒙古人征服世界的理想。经过近两年时间的过渡，终于在1229年的秋天，通过在哈拉和林的忽里勒台大会上的讨价还价，窝阔台得到了他梦寐以求的大汗之位。看来，铁木真的余威还在，同时这也是以拖雷系的妥协外加像耶律楚材这样的贤者的鼎力相助为条件的。

继承了蒙古大汗之位的窝阔台果然没有令铁木真失望。

最令窝阔台骄傲的一件事是他亲手埋葬了整个大金国——曾令先祖受尽百般凌辱后被钉死在木驴之上的罪魁祸首，曾暗中撺掇塔塔儿人将英雄的成吉思汗的父亲毒死的幕后黑手，他们有这一天实在是罪有应得。若伟大的成吉思汗在天之灵看到这一切，他会非常欣慰的。窝阔台还清楚地记得，那是他当大汗的第六年（1234）一月的一天，北国的蔡州（今河南汝南）还正处于严冬时刻，寒风凛冽，冻得宋朝的士兵有点扛不住了，毕竟他们的父辈阔别曾经居住过的北方已经有一些年头了。不过此时此刻，宋军在他们的统帅孟珙的率领下仍然士气高涨，因为他们知道，差不多已经一百年的深仇大恨如今总算要有个了断了，这大概也是宋理宗答应和蒙古人联合用兵的一个重要原因吧。然而，最高兴的也许还是蒙古人。因为在蒙古人看来，这实在是一个"一石二鸟"的好计策：一来可以借助蒙宋联军的力量尽快消灭行将就木的金国，为"黄金家族"的祖辈报仇雪恨。二来可以在战争中尽可能多地消耗宋军的军力，毕竟蒙古人最终的目标是一举灭亡大宋，实现蒙古人入主中原的宏图大业。蒙宋联军兵分两路：宋军负责攻打蔡州城的南门，而塔察儿率领的蒙古军队则猛攻西城。而此时，城内的金军差不多已经到了弹尽粮绝的地步了，但是在生死存亡面前，大家都表现出了高度的团结，为了最后一线希望而顽强抵抗。然而，城池最终还是被攻破了，蒙军和宋军如狼似虎般拼命地往城内冲锋，都希望在战争快要结束了的时候能够立下赫赫战功。当完颜守绪被活捉、完颜承麟被杀死的那一刻，历史宣告享用了一百二十年国祚的大金终于结束了。

宋人与蒙古人一道欢庆这一重大喜事的到来。然而，他们怎么会想到，若干年后，他们将会经历几乎一模一样的重大时刻，只不过，那时欢庆的只有蒙古人，笑到最后的也是蒙古人。

当然，最高兴的还是蒙古大汗窝阔台，因为自从1229年他当上蒙古大汗的那一刻，整个蒙古汗国就都是他的了，成吉思汗留给他的不仅是拥有无数财富、众多人口的江山，而且还有充盈在他的宫殿中各种各样的美酒。窝阔台本来就是一个爱酒之人，尤其是在如今春风得意、踌躇满志之时，更应豪饮一番。只不过，从来都是乐极生悲，1241年12月11日，当他再次兴致勃勃地引觞自酌的时候，他再也没有醒来。

蒙古人的大汗就这样一夜暴毙，使蒙古人的征伐活动暂时放缓了，他们的战略目标也发生了较大的变化，那就是从西征逐渐转移到征服整个中国上来了。当他们稍事休整之后还会卷土重来，这匹来自北方的苍狼还会再次南下。

三、凉州会晤：一段划时代的往事

1235年，哈拉和林，忽里勒台大会。蒙古窝阔台大汗坐在他的宝座上，精神饱满，意气风发。时间过得真快啊，转眼之间，大金国覆灭已经过去了一年。这一年来，他每想到曾经的宿敌灰飞烟灭了，蒙古南方的那片土地已经在自己的掌控之下，都会忍不住想痛饮一番，以表达自己的欣喜之情。这次，他把他的臣民们又召集起来，有一个很重要的目的，就是他准备发动第二次西征。对于这次西征，窝阔台已经酝酿了很久。如今，花剌子模、金国都已经灭亡，他没有了后顾之忧，而且成吉思汗的第一次西征也使蒙古军队对中亚、西亚等地区的了解更多，因此他决定在他的天命之年发动一场规模空前的能够名载史册的西征。1236年春天，窝阔台任命长兄术赤之子拔都为统帅，发动了旨在征服钦察、斡罗斯等未服诸国的蒙古史上的第二次西征。很有趣的是，这次西征的主帅竟然是他的长子贵由、长兄长子拔都、次兄长子拜答儿、幼弟长子蒙哥，所以这次西征又叫作"长子西征"。这次西征有第一次西征（由铁木真发动，时间为1219~1225）打下的基础，所以还比较顺利。蒙古骑兵一如既往地所向披靡，欧洲人甚至由于极度恐惧而把这场浩劫称为"黄祸"。这次西征不仅使蒙古人又一次成功地将大批财宝驮回了蒙古草原，而且当蒙古人抽身离开的时候，一个叫作钦察汗国的雏形已经形成。要不是1241年窝阔台大汗突然驾崩的话，整个世界疆域的新一轮大洗牌也就犹未可知了。

西征固然很重要，不过金国故地的南面还有一个南宋王朝，蒙古要一统天下，当然不会放过这个宋朝。当时与宋联合灭金，窝阔台的用意之一就是为下一步消灭宋朝作铺垫。因此，西征之外就是南伐了。不过窝阔台明白，在目前的条件下，蒙古骑兵秣马南下一举灭掉宋朝的可能性并不是很大，必须采取迂回的方式，最好是从远离其统治核心区域的西部地区入手。所以在这种情况下，窝阔台大汗的次子，也就是孛儿只斤·阔端被他的父汗分封到西夏故地，同时将今天甘肃、青海的一些藏族聚居区都划入阔端的封地中。阔端很快就在今天的甘肃武威开府设堂，就这样，历史上著名的西凉王的称呼从这里开始了，阔端与西藏的不解之缘也从这里开始了。

藏历第四饶迥阴土猪年（1239），也就是八思巴五岁那年，年幼但是非常聪慧的他正不断地从法王萨班身上如饥似渴地汲取知识的营养，进步神速。在萨迦寺的生活宁静而惬意，捧一部佛经，席地而坐，扑鼻而来的满是青草和泥土的芬芳；抬眼望去，那湛蓝的天空，云舒云卷，心胸顿时变得宽广起来。那时，身在萨迦寺的八思巴也许还嗅不到远在千里之外的从热振寺里传来的血腥味道。

就在这一年，蒙古汗国的阔端王子派遣他的部将多达那波率领一支蒙古骑兵从青海取道，直入藏北拉萨一带。多达那波入藏要完成很重要的任务。他临行前，阔端王子非常清楚明白地要求他一定要将西藏地区的情况调查清楚，尤其是西藏目前的政治形势和藏传佛教各个教派的发展情况。因为，早在1227年，西夏国灭亡之后，他通过当时活跃在西夏故地的藏传佛教僧人了解到关于西藏佛教的一些情况，比如他知道西藏的佛教不只有一个教派，而是有好几个教派同时存在，而且各个教派的实力强弱不等。然而，对于这片神秘的土地，阔端终究无法了解周全而详细。一旦两军交战，必须要对敌我双方的状况有清楚的认识，才能在战争中赢得主动，就像兵法所说的那样"知己知彼，百战不殆"，所以他必须对西藏有一个比较详细的了解。多达那波率领这支骑兵一路上几乎没有遇到什么抵抗，也许是西藏的民众对蒙古铁骑的厉害也有所耳闻吧。只有噶当派的僧人例外，他们不愿意看到外族入侵扰自己的家园，所以他们充当了保卫家园的勇士角色。多达那波起初对这种状况感到很惊异，一时间似乎有点不知所措，但是继而就是怒从心来，他一定要给噶当派僧人一个教训，谁要阻碍黄金家族的统一大业，谁就不会有好的结局。就这样，1240年，也就是藏历的第四饶迥阳铁鼠年，在西藏历史上发生了一件惊天动地的大事——多达那波率领的蒙古军队烧毁了热振寺和杰拉康，杀害了五百多名僧俗人众，其中包括一名叫作赛敦的佛教法师。对蒙古人而言，这次焚寺之举也许能够起到杀一儆百的作用，然而对藏传佛教而言，虽然与两百多年前朗达玛灭佛比起来稍逊一筹，但这也算得上是一场浩劫了。热振寺，这座由藏传佛教噶当派创始人仲敦巴大师兴建于1057年的寺庙，是噶当派的第一座寺庙和根本寺。如今寺庙没了，噶当派僧人也在这次焚寺事件中死了不少，这对噶当派来说打击是沉重而巨大的。从此，西藏僧俗势力再没有发起类似这样激进地抵抗蒙古军队的行动了，多达那波也再没有大开杀戒，他对西藏的情况有了一个大

031

致的了解后，很快撤军北返，回去向阔端复命了。

凉州，阔端的王宫所在地。阔端正拿着多达那波将军写给自己的"入藏实地侦察报告书"——《请示迎谁为宜的详禀》，在大殿里来回走动，嘴里忍不住发出声音来："在边野的藏区，僧伽团体以甘丹派（噶当派）为大；善顾情面以达隆（达垅）法王为智；荣誉德望以枳空·敬安大师为尊；通晓佛法以萨迦·班抵达（萨班）为精。"读完多达那波的汇报信之后，一个想法开始在阔端的心里慢慢形成。

藏历第四饶迥阳木龙年（1244）的一天，在萨迦派第五任教主萨迦班智达·贡噶坚赞的会客厅里，法王萨班正襟危坐，手捻佛珠，神情肃穆。八思巴站在上师萨班的旁边，毕恭毕敬。如今的八思巴不仅个头长高了，更为重要的是学识也进一步增加了，而且看上去颇有少年老成的味道。但凡有重大活动，萨班无一例外让八思巴参加。在萨班眼中，八思巴的确是一个可塑之才，他内心深处为自己有这样一个优秀的接班人而感到无比欣慰。几分钟前，他们刚送走两位来自数千里之外的凉州的蒙古人，其中一个不是别人，正是五年前曾前来西藏"侦察"并且制造了一桩血案的多达那波。但是这一次，他没有率领军队，除了少许贴身卫兵外，陪同他前来的是一位叫作杰门的蒙古人。他和多达那波一样，都是西凉王阔端的部下。此次前来西藏的目的是"邀请"萨班作为西藏地区的代表前往凉州与阔端商议西藏地区的归附问题。桌子上，堆放着一堆价值不菲的物品，那是阔端送给萨班的见面礼。八思巴按照萨班的吩咐，取出多达那波带来的信函念出声来，那是阔端写给萨班的"邀请信"。

长生天气力里，大福荫护助里，皇帝圣旨：

晓谕萨迦班智达·贡噶坚赞贝桑波，朕为报答父母天地之恩，需要一位能指示道路取舍之喇嘛，在选择之时选中汝萨班，故望不辞路途艰难前来。汝若以年迈之故，那么从前佛陀为利益众生而作的施舍牺牲无数又当如何？汝岂不有违学法时之誓愿？而今吾已将各地大权在握，若依边地法规大军压境予以追究必定祸及无数众生，汝岂不惧乎？故汝若体念佛教及众生，请尽快前来，吾将令汝统领西方僧众。

赏赐与汝之物品有：白银五大锭，镶嵌有六千二百珍珠之珍珠袈裟，硫黄色锦缎长坎肩，靴子（连同袜子）环纹缎缝制的一双，团锦缎缝制的一双，五色锦缎二十四等。着多尔斯衮和本觉达尔玛二人赍送。

龙年八月三十日写就。

蒙古人此次的来意，多达那波说得很明白了，阔端的这封"邀请信"更使其意图显露无遗，那就是阔端以蒙古大汗的名义"邀请"萨班代表整个西藏地区，前去与之商讨西藏归附蒙古的问题。难道可以不去吗？答案是否定的。曾经辉煌一时的吐蕃王国，早已随着那些被朗达玛销毁的佛经一道烟消云散了。没有一个强有力政权庇护的藏地民众因此饱受着战患离乱之苦，也正因为如此，分散在西藏各地的大大小小的割据势力，在战无不胜、攻无不克的蒙古铁骑面前，显得那样弱小无力。萨班是何等睿智，他怎么会不知道这个道理呢？面对这样一封更像最后通牒的信函，为了利益藏地之有情众生，萨班除了答应没有别的选择。此外，睿智的萨班从阔端的这封软硬兼施的"邀请信"中还读懂了他"软"的一面中的深层含义：快些来吧！如果你来凉州和我阔端商讨西藏归附大事，我以西凉王的身份保证，日后你和你的萨迦派定当迎来一片辉煌的前途。对于这样一个决定西藏地区前途命运，同时也可能改变萨迦派命运的关键时刻，萨班非常明白他此行对于萨迦派前途以及佛法弘扬的裨益。我们不得不被他的远见卓识所折服。也许，当某一天止贡派的京俄扎巴迥乃看到萨迦派在蒙古王室的极力扶持下权倾西藏地区的时候，他一定会为自己当初对蒙古人的盛情邀请婉言相拒而感到懊悔不已。不只是止贡派放弃了这个大好的机会，当时还有其他的教派因为一时的犹豫不决而最终痛失绝好的机会。

经过深思熟虑的萨班毅然决定前往凉州，尽管他已经是六十三岁高龄的老人了。临行前，萨班将萨迦派的内部事务作了一番精心而周密的安排，包括委派伍由巴·索南僧格和夏尔巴·喜饶迥乃为曲本，负责教法方面的事务。仲巴·释迦桑波担任内务总管，并且规定，除了伍由巴和夏尔巴以外，萨迦派的其他僧人都要向释迦桑波敬礼。萨班深知，此去凉州，前途未定，吉凶未卜。功成名就而荣归故里是再好不过的事情，但也可能因见解与蒙古人无法达成一致而遭遇不测，如果是那样的话，萨迦派的事务一定要安排妥当，绝不能因为自己而使萨迦势力受到牵连。除此之外，萨班还作出了一个更为重要的决定，那就是把八思巴、恰那多吉兄弟俩带在身边，随同前往凉州。八思巴绝对不是一个寻常的孩子，尽管他只有十岁，他的佛法造诣已经达到很高的程度了。萨班此去凉州，归期未晓，如果不把他带在身边，他和恰那多吉的学业必然会受到影响。而且，这些年来，兄弟俩与上师的感情十分深厚，萨班也习惯了有兄弟俩陪伴的生活了，更何况，八思巴还能为萨班提供很多具有参考价值的建议和意见。当得知萨班有意带着自己一同前往凉州的消息后，八思巴非常高兴，六岁的弟弟恰那多吉更是高兴得手舞足蹈。

1244年，八思巴和恰那多吉兄弟俩随同萨班等人一起踏上了前往凉州的漫漫征途。在那个交通极不发达的年代，从萨迦到凉州，路途无疑是非常遥远的，而且充满了艰险。尽管统一是人心所向、众望所归，但无论如何都无法忽视持反对意见的少数派的存在。当年被多达那波烧毁了寺庙的噶当派，这个时候一定会愤愤不平的，他们很容易把这股怨气发泄在与蒙古人有接触的萨班等人的身上。此外，对萨班一行构成威胁的还有那些因为萨迦派的捷足先登而失去机会的教派，以及那些坚决反对臣服于异族统治的人。总之，萨班的凉州之行无论如何都不会是一帆风顺的。当然，渴望统一的还是大多数，他们心里明白，在目前的情况下，在这匹来自北方草原的威猛无比的苍狼面前，只有归顺才是上上之策，已经分裂了两三百年之久的西藏也只有归于一个统一政权的管理才会有光明的前途。因此，萨班决定前往凉州绝不是他一个人的意见，在他临行之前，他与其他教派进行商榷，并且得到了他们当中的大多数的支持。

经过两年的艰苦跋涉，萨班一行终于在藏历第四饶迥阳火马年（1246）八月抵达凉州。然而事不凑巧，当他们赶到凉州时，适逢阔端前往哈拉和林参加忽里勒台大会去了。忽里勒台大会对蒙古人来说有着极其重大的意义，因为但凡有重大的事情，蒙古人都会以忽里勒台大会这种十分"民主"的方式来决定。而这一次忽里勒台大会上，蒙古人将要选举出他们的新任大汗，所以萨班等人只好暂时住在凉州阔端的宫廷里耐心等待。

凉州，也就是今天的甘肃省武威市，它地处河西走廊东端，是古代丝绸之路的重镇，在历史上有"四凉古都，河西都会"的美称，自古以来就是商埠重镇和军事战略要地。凉州历史悠久，早在五千多年前，这里就有人类活动的痕迹，自西汉武帝设置河西四郡以来，后世王朝多次在这里设置府郡，它曾作为前凉、后凉、西凉、南凉、北凉等政权的都城而辉煌一时，氐、鲜卑、卢水胡、党项羌等已不复存在的古代民族也曾与汉族一起活跃在这块土地上，并最终融入汉族当中，所以它又是民族融合的大熔炉。在漫漫历史长河中积淀下来的多彩的文化，无疑也增添了凉州这片土地的历史厚重感。当年，后梁的建立者吕光攻破龟兹，俘获高僧鸠摩罗什，佛法随之被带到了凉州。时至今日，我们还能看到为了纪念这位西域高僧在凉州弘扬佛法和翻译佛经而修建的罗什塔寺，鸠摩罗什为了弘扬佛法而忍辱负重的精神也将继续激励后来的人们。除了晨钟暮鼓的佛教文化外，还有那一首首苍凉慷慨的"凉州词"使我们记住凉州。其中最脍炙人口的当属盛唐诗人王之涣的《凉州词》："黄河远上白云间，一片孤城万仞山。羌笛何须怨杨柳，春风不度玉门关。"

藏历第四饶迥阴火羊年（1247）一月，中国历史迎来了一个极其重要的时刻，从哈拉和林忽里勒台大会返回的西凉王阔端终于见到了萨迦班智达·贡噶坚赞。两人分别代表蒙古汗廷与西藏僧俗势力举行了具有历史意义的会晤。

两人见面后，彼此印象极好。萨班被这位态度友好、善待来客的蒙古王子所感染，渐渐消除了从前蕃人对蒙古人的那种畏惧心理，也慢慢消除了做客异乡的那种不适感，开始与阔端侃侃而谈。西凉王阔端则被这位来自吐蕃的喇嘛那犹如浩瀚大海般渊博的学识所折服。以前从畏兀儿僧人那里听受的佛法在这位吐蕃班智达面前都变得那样微不足道，萨班那精到深邃又明白晓畅的讲授方式使他茅塞顿开、恍然大悟，从此对佛教更生崇敬，而他本人也成了"黄金家族"内第一个信奉藏传佛教、敬重喇嘛的人。从那以后，佛教僧人赢得了在西凉王的祈愿法会上首先祈愿的特权，而萨班则代替也里可温以及萨满巫师，赢得了坐在僧众之首的特权。更为重要的是，缘于对萨班以及佛教的尊崇，西凉王后来在凉州城外专门为萨班修建了一座幻化寺（相传建寺之初，因寺内有大塔一座，周围环绕小塔九十九座，所以又称为百塔寺）。除此之外，萨班还通过自己精湛的医术治好了阔端久治不愈的顽疾，因此阔端对萨班的崇敬更是有增无减。在这样的情况下，双方关于西藏归顺蒙古的问题商谈也就变得容易得多，而商谈中本应有的紧张气氛也缓和了不少。当阔端与萨班经过反复磋商，终于达成共识之后，萨班写了一封致西藏各地僧俗领袖的公开信，这就是著名的《萨迦班智达致蕃人书》，全文如下：

吉祥！敬礼（上师）护法文殊菩萨！

具祥萨迦班智达致书与卫、藏、阿里善知识施主大德：

余为弘扬佛教，体念众生，更顾念操蕃语之众，来霍尔地方。召余前来之大施主极为欣悦曰："八思巴兄弟如此年幼，能偕从人一道携来，吾已深思矣。尔系以首归附，他人成系以足降顺者；尔为吾所召来，他人则系惊惧而来，此情吾岂不知乎？！八思巴兄弟前此已谙蕃土之教，仍着八思巴习之，恰那多吉可令习霍尔语文，吾以世法护之，尔若护以圣教，则释迦牟尼之教岂有不遍弘海内者！"此菩萨（化身）

汗于佛法三宝深为崇敬，教化修明，善遇臣下，于余恩泽更异于他人，曾谓："尔静心传法，所需吾悉与焉，尔善事吾，吾知之，吾所为良善与否，上天知也。"于八思巴兄弟尤为关切。以"自觉奉法，邦土叨光"之纯良用心，谓："尔可令尔所部土蕃民户善习法规，吾当使其乐业安居者。"祝祷此汗王及王室长寿之佛事其各勤奋从事焉。

要言之，此霍尔之军旅无算，窃以为瞻部洲已悉入其辖土矣。顺彼者与彼者苦乐，心怀厌恶不遵功令而空言归顺则不许，且终有因而覆灭者。畏兀儿之境未遭涂炭而昌盛逾前，人畜由彼等自理，必赤、库吏、别乞均由彼等自任之。余如金国、西夏、阻卜等地未亡之前虽已派有霍尔使者，然（彼等）不遵功令，终遭覆亡，逃遁无门，仍需俯首归降。后，彼等能奉行唯谨，至今其各自之别乞、库吏、军官、必赤等官员已多有委其贤者任之者。吾等部族剽悍，或有希冀百计千方逃脱者，有希冀道长路远而（霍尔）或不至者，有希冀以战斗获胜者，狡诈蒙骗之辈定遭覆亡，仍需各自输诚归顺者甚多。因吾等蕃部凶悍，除驱为奴隶者外，委为官吏者百不得一二。蕃部归顺者虽众，然贡物甚微，（此间）王公内心颇有不悦之概。

前此数年，霍尔军旅未曾压堆境，余偕白利来归顺时，此间善通款曲，并言堆阿里、卫、藏等部已降，白利各部将各自归顺。故至今未遣军旅亦已收益矣。然堆境人众亦有不知此情者。其时，向此邦输诚者因贡物不丰，未能释疑而遭重兵践踏，人畜尽失。

此事尔等当亦有所闻。与（霍尔）交兵者，自以地险、人雄、兵众、甲坚且娴于箭法，希冀获胜，终至覆亡。

或以为，霍尔本部乌拉及兵差轻微，他部乌拉及军差负担甚众，殊不知与（霍尔）相比，他部或稍轻焉。

又谓："若能遵行功令，则尔等之地，各处部众原有之官员仍然加委供职，召萨迦之金字、银字使者来，吾任之为达鲁花赤极为妥当。此事可广事宣谕，应派干练之使者从事之。另将各地官员姓名、部众之数字、贡物之量，善缮三份，一送吾处，一放萨迦，一由各地长官执掌。并书志某已降，某未降。若未分别，则恐于未降者之祸殃及已降者。萨迦金字使者与各地官员善为商榷，利乐众生有情，勿擅作威福；各地长官亦毋不与萨迦金字使议而擅权自主，法规中无不议擅权之条款，若触及法律，来此申诉亦难矣，尔等其协心同力焉。"

遵奉霍尔法令定有裨益，金字使之接送伺候应力求周到，盖金字使至时均先询以"未有遁逃者乎？""遇战者乎？""千金字使善为承侍否？""得乌拉供应否？""降顺者其意坚诚否？"若逢金字使不悦，则定进以危言，欣喜时亦定能福之也。若不听金字使之言，虽有所为亦受习难者屡见不鲜。

地方缙绅携贡物来此而受礼遇者有之，吾等若亦思获善遇者，（吾等之）长官其携以厚贡，偕萨迦人前来，贡物多少亦与之议，余亦于此间划策，然后来此，则尔我均获安乐也。去岁，余曾遣人告以如此如此方为上策之议，尔等中未见如此作者，岂思于覆灭之后各自俯首帖耳听命者乎？届时将下何命令，亦难预知也。尔届时千祈勿谓"萨迦人已至霍尔邦土然与吾等并无利益"也。余为利他之心，顾念操蕃语之人众来霍尔地方者，听余之言必将受益。尔等未亲睹此情此景，仅凭耳闻，自难全信，故亦有思战以获胜者，如此，则正似"安乐静闲鬼撤头"之谚，兵燹之余，恐卫、藏之子弟生民将有驱来霍尔邦土之虞也。余祸福均无悔意，依上师三宝加持恩德或可获佳境，尔等其亦向三宝祈祷焉。

汗于余关切愈常，故金国、蕃、畏兀儿、西夏等地之善知识大德，各地人士均目为奇异，前来听经，极为虔敬。吾等来此之人，勿劳操心霍尔将如何对待，均甚为关切，待之甚厚，余之安全其放心勿劳关注可也。

贡物以金、银、象牙、大粒珍珠、银砂、蕃红、木香、牛黄、虎（皮）、豹（皮）、山猫（皮）、水獭（皮）、蕃呢、上卫氆氇等物，此间甚为喜爱。此间于牲畜顾不屑顾，然各地可以最佳之畜品贡来即可。

"有金能如所愿"，其深思焉！

佛教遍弘各方欤！

这封《萨迦班智达致蕃人书》可谓情真意切！萨班那以挽救民族危难为己任的赤子之心在文中显露无余，通过这封信，我们看到了一个竭毕生精力以弘扬佛法的佛教高僧。而这封具有划时代意义的《萨迦班智达致蕃人书》的诞生，标志着蒙藏直接的政治联合关系正式形成。西藏地区也得以归顺蒙古，并为它后来成为元帝国统治下的一个行政区域奠定了基础。直到今天，这件具有重大历史意义的大事件，还值得我们大书特书，阔端和萨班也成了值得我们永远敬仰和缅怀的人物。因为，西藏正式纳入中央政府的行政管辖，而凉州，则是这个大事件的承载者和见证者。

凉州会晤的实现，其历史意义自不待言，单从当时的天下形势角度来讲，它对蒙古和西藏都是很有裨益的。对蒙古来说，西藏地区的归顺当然意味着它又增加了一块土地，同时也意味着又有大量的人口将变为它统治下的属民。有地、有人，就意味着财富的增加，不仅各种奇珍异宝将作为贡物从雪域高原上源源不断地运到哈拉和林，而且有了人还能创造财富，能够补充兵员数量，这样即使南征北讨、东攻西伐，也不会担心军队不够庞大和军需不够充足了。对藏区而言，归于蒙古汗国的统治，其所作出的牺牲是必要而且必须的，即使是处于三百多年前的吐蕃王朝的统治之下，赋税、差役也是在所难免的。但是，对藏地民众来说，他们用纳贡与臣服换来的是他们失去了很久，同时也渴望了很久的和平与安宁的生活。阔端代表蒙古汗廷取得了对藏区的管理权，而萨班和他的萨迦派则实现了藏传佛教在汉地的发扬光大。鉴于西凉之地的民众，当然也包括西凉王阔端本人，对萨班所带来的佛法表现出了极其浓厚的兴趣。萨班决定留下来，他要使佛法达四海之内，他要像为佛法引颈而亡的古格王意西沃学习，更要以为弘扬佛法而置减寿三十载于不顾的阿底峡尊者为楷模，这样才不违背自己所立下的誓愿。最终，这位德高望重、学识渊博、心系天下的佛法大师没有返回故乡萨迦。1251年，萨班在凉州圆寂，享年七十岁。

四、风云变幻的1251年

1251年，注定是不平凡的一年，因为在这一年里陆续发生的几件大事，不只对政治局势产生了深刻的影响，而且对萨迦派以及年轻的八思巴来说，无疑都是一个巨大的挑战。

汗系转移

藏历第四饶迥阴铁猪年（1251）六月，同样是忽里勒台大会，同样是蒙古大汗的推举盛事，但是这一次，是孛儿只斤·蒙哥胜出当选为新一任的蒙古大汗，他的父亲不是孛儿只斤·窝阔台，而是孛儿只斤·拖雷——一位没有当过大汗的大汗之父。蒙哥的即位，意味着一个新时代的到来，蒙古汗系从窝阔台系瞬间转移到了拖雷系手中。大汗的更换，汗系的转移，随之而来的必定是权力中心的转移与人事上的变动。

既然是拖雷的长子蒙哥做了大汗，那么与他亲近的人必然得到重用与升迁，同时也就意味着与他关系疏远者或者说他曾经的劲敌必然要面临人生中的一场浩劫与灾难。很显然，窝阔台的儿子们就遇到了这样的浩劫与灾难，他们当中很多人都被处死，甚至一些不太相干的人也被牵连进去，成了这场宫廷权力角逐的冤魂屈鬼。尽管在1229年的忽里勒台大会上窝阔台成了最后的胜利者，他本人也因此变得踌躇满志，意气风发，但是有谁会料到二十多年后他的子孙会有如此下场呢？又有谁会想到几十年后，窝阔台这一系连最后的堡垒也被人抢占了呢？他还是没能笑到最后，当年他与诸王立下的关于汗位当永属他的子嗣的盟誓如今看来着实有些可笑，权力是通过斗争得来的，歃血为盟的作用只能是微乎其微，这一点他大概不会不知道吧？作为窝阔台的儿子——孛儿只斤·阔端此时也许就深刻地体会到了"树倒猢狲散"的滋味，尽管他因为与蒙哥的关系较好，所以还能在这场浩劫中毫发无损，但那也只是身体与脑袋得以保留，昔日那"开府西凉，承制得以专封拜"的无限风光早已化作一团云烟。西凉王的权力被大大削弱了，他通过凉州会晤建立起来的自己与吐蕃之间的统属关系也因为汗系的转移而发生改变，他从前对吐蕃之地的管理权也被蒙哥大汗收回了。

之后，蒙哥大汗很快就在当地进行了旨在清查户口、确定归属的扩户活动（1252~1253）。尽管蒙哥大汗的扩户活动是在萨迦派以及八思巴等人的支持下完成的，但是他除了依靠萨迦派外，还与藏区其他教派有着直接的接触，并把藏区各地分封给自己的同胞兄弟，让他们与当地教派建立起施主与福田关系。这对于刚刚与阔端建立了友好关系，并且在蒙古王室取得优于其他教派的地位的萨迦派来说，实在是一个不幸的消息。这场风波，对西凉王阔端而言，无疑是一个巨大的打击；作为萨迦派的教主，萨班尽管经历的事情不少，但想必他在这风云变幻的时局面前也实在是爱莫能助，毕竟能够力挽狂澜的人始终不会太多，而且他已经是七十岁的老人了。在巨大的压力面前，同时大概也与其生活环境的改变有一定关系，一代高僧萨班在这一年的十一月十四日这天"显示与无数天神相同之相，入之涅槃"。紧接着不久，西凉王阔端也离开了人世，终年四十五岁。就这样，凉州会晤的两位重要当事人相继辞世，这对于正处于上升发展势头的萨迦派来说无疑是雪上加霜，而刚刚上任的年轻教主八思巴，无疑同样面临着一场特别需要大智慧的考验——究竟萨迦派将何去何从呢？

初识忽必烈

让我们把目光回溯到八思巴成为萨迦派新任教主的那一刻。快到古稀之年的萨班大概感觉到自己大限将至，所以他得尽快把萨迦派的僧俗事务安排妥当，如果哪一天自己突然不在了，萨迦派不至于发生变故。这天，在凉州幻化寺佛殿内的佛祖塑像前，几年前跟随萨班来到此地的随行人员站立两旁，八思巴跪在地上正中央，大殿内充满了肃穆的气氛。双眼微闭嘴念六字真言的萨班放下手中的佛珠，扫视了一下周围的人，最后把目光凝聚在八思巴身上："八思巴，我近来身体经常感到不适，大概是佛陀如来要召唤我前去了吧。"身边的人说道："法主，请不要这么说，应该做一场法事，您一定会长寿的。"萨班摇摇头："六道轮回，宿命难违，我得上师扎巴坚赞的启示，为了利益此世间的有情众生，前来西凉之地，也做了一些有利于佛法的事情，也算是有一些功德了。八思巴，我现在将仅供我一人享用的法螺与衣钵交与你加持，由你来做利益教法和有情众生之事业的时刻到了，你要牢记你先前所发的誓愿，要好好地护持萨迦派以及萨迦派的众弟子们。"接着，萨班把法螺交到了八思巴手里。八思巴强忍泪水，在萨班面前立下誓愿。萨班继续说道："我现在最担心的就是目前的形势将对我们萨迦派没有益处，八思巴你也还没有受比丘戒，令我不安。除此之外，我没有什么挂念的了。"

萨迦派教主一职的交接仪式在这样的氛围中完成了。年轻的八思巴此时接替萨班成为萨迦派的新一任教主，实际上是临危受命。他的责任就是要带领萨迦派从目前的尴尬境地中走出来，重新树立起往日的雄风，正所谓"天降大任于斯人也"！

这样的历史机遇其实已经出现在八思巴和他的萨迦派面前了，那就是忽必烈在萨班圆寂前夕已经传来旨令，点名要萨班前去做他的上师。而萨班这个时候恰好卧病在床，尽管他也很想抓住这个难得的机会，但已经是心有余而力不足了，所以他与西凉王商议一番之后，建议西凉王派八思巴前去应命。于是，阔端决定派自己的儿子蒙哥都和八思巴一起前去面见忽必烈。正当八思巴与蒙哥都准备出发的时候，萨班圆寂了。失去最亲近的人，这对八思巴的打击是非常大的，尽管他早已深谙六道轮回之道，明白生与死不过是其中的一部分而已，但是此时此刻，两个最亲的人中走了一个，现在唯一还在身边的只有同胞弟弟恰那多吉了。八思巴绝对不能倒下，因为作为新上任的教主，他是萨迦派的强大精神支柱，他必须做到比任何人都要坚强和冷静。于是，在藏历第四饶迥阴铁猪年（1251）十一月二十五日，八思巴处理完法主萨班的后事，在蒙哥都王子的陪同下，前往忽必烈所在的六盘山营地复命。

　　忽必烈何许人也？他乃一代天骄成吉思汗生前最引以为傲的孙子，大元帝国的开国皇帝元世祖圣德神功文武皇帝也。的确如是，纵观中国历史，孛儿只斤·忽必烈所属的"黄金家族"乃第一个入主中原，据有全天下，真正实现"履至尊而制六合"的少数民族统治者。而忽必烈本人无疑是极其幸运的，他不仅实现了一代又一代草原英雄的梦想，那就是"南下而牧马，弯弓而射箭"，将传统意义上的"中国"之地尽收囊中，而且在他的任内，天下归于一统，中国历史也终于结束了自唐亡以来的分裂割据局面（尽管宋太祖赵匡胤所建立的北宋王朝可谓为局部的统一，但这种统一还远远不够），他的帝国疆域之大也创下了一个前所未有的纪录。同时，十分重要的是，在他做皇帝的几十年里，西藏地区与大元帝国的紧密关系也达到了一种前所未有的高度，这一点的实现与他和八思巴的交往不能不说有莫大的关系。而两人的初次相见，就在1251年。

可以说，八思巴与蒙哥都两人是一路奔波来到忽必烈营帐的。因为他们都知道，目前的形势是，窝阔台一系已经失势，作为新任大汗的胞弟，忽必烈此时受命总领漠南汉地军国庶务，具有极大的权势，所以无论如何也得小心行事，千万不能出什么差错。对于八思巴来说，他更得抓住这个难得的机会，至少应该让对方对自己有一个良好的第一印象。

果然，初次相见，忽必烈对八思巴就产生了很好的印象。萨班佛法造诣的高深，忽必烈早已有所耳闻，他对于佛教的了解程度并不比西凉王阔端浅。这位成吉思汗引以为傲的孙子，不仅继承了爷爷的雄才大略和军事征战才华以及父亲的军事指挥技巧，而且他对异族文化的包容与接受程度是其他蒙古王子所不能相比的。忽必烈十分注重学习各种文化，从中汲取营养，在他的周围，聚集了像燕真、贾居贞、董氏兄弟、刘秉忠、张文谦、李德辉、刘肃、李简、张耕、马亨、王恂、刘秉恕、阿里海牙、孟速思、廉希宪、叶仙鼐、也黑迭儿、扎马刺丁、阿合马等一大批人才。从这众多的四方豪杰之士那里，忽必烈学到了很多有益的东西，其中汉地的儒释道文化就深刻地影响了他，甚至他的妃子、儿子也都受到了一定程度的熏陶，而这些正是促使他成为大元帝国之世祖皇帝的重要因素之一。

对当时只有十七岁的八思巴来说，在未见到忽必烈之前，大概还是存在一定的疑惑的。然而，在与八思巴交谈中，忽必烈立刻被他的才气所吸引了，这么一个年轻的沙弥，竟然有如此深厚的佛学造诣，实在有些令人惊异。惊异过后，忽必烈感到非常高兴，便将一百匹蒙古马军赠送给侄子蒙哥都，然后让他先行返回凉州。接下来的日子，忽必烈与八思巴的交流定然有增无减，彼此间的关系也变得更加熟络。与此同时，忽必烈对藏传佛教的了解也定然达到了一个新的高度。无疑，这些都为两人以后的再次相逢乃至更深层次的交流奠定了坚实的基础。本来，八思巴也许能在金莲川待得更久一点，他与忽必烈之间的这种交流机会也可能会更多一点，但事实是阔端在这一年的十二月与世长辞了，八思巴不得不暂时离开忽必烈，火速赶回凉州。

不管怎么样，这次不辞辛劳的六盘山之行总算没白走一遭，至少，这是一个好的开端。很显然，金莲川主人对于佛法所表现出来的极大兴趣，说明他与萨迦派教主不可能只有一面之缘这么简单，在未来的某个日子，他们一定会再相见的。

如此看来，1251年，实在是非常不平凡的一年，有太多的变幻莫测，让人难以预料，时势变化之快有时候也实在让人措手不及。然而，局势已然如此，只能去顺应它。此时的八思巴，肩上的担子并不轻松，他没有忘记在萨班面前所发的誓愿，就算再苦再累，他都必须撑下去，他得扛着萨迦一步一步地走下去。

第3章

国师之路

经过一番曲折，八思巴终于受戒成为一名正式的比丘。当他再次遇到忽必烈时，噶玛噶举派僧人噶玛拔希也得到忽必烈的青睐，于是两人之间展开了一场残酷的"斗法"行动，最终八思巴以其渊博的学识和忠诚的品质获得了忽必烈的青睐。当忽必烈遭遇"钩拷之祸"时，八思巴亦不离不弃，随侍左右，并以自己特有的方式为其祈福消灾。在接下来的"释道辩论"中，八思巴又以自己的聪明才智驳倒众多道士，从而使佛教获得最后胜利。忽必烈在开平即位称帝后，八思巴也由于其自身的种种优势而成为"统领天下佛教"的国师。

一、终为比丘僧

除了对萨迦派的政治前途极为关心外，八思巴也积极追求佛法上的进步，他对于这种追求可以说是孜孜不倦、持之以恒的。当年前来这西凉之地，尽管身在异乡，同时每天碰触着极为敏感的政治问题，萨班仍然没有忘记对八思巴兄弟学习上的关怀，因此八思巴得以继续跟随萨班学习佛法知识。在萨班的精心栽培下，加之八思巴自身的天赋，到1251年萨班圆寂前夕，八思巴学完了萨班传授的所有教法，这时的他已经基本具备了作为萨迦派教主的资格，至少在佛法知识的储备上是够了。即便是这样，八思巴在佛法知识的学习上仍然没有丝毫的懈怠。与忽必烈会晤完毕，他立即赶回凉州参加西凉王阔端的葬礼。在空闲时间，八思巴总不会忘记钻研佛法。

1252年，新即位的蒙哥大汗基本上延续了阔端对萨迦派的倚靠政策，尽管他对西藏地区统治策略比起阔端来有着很大的不同，尤其是在与藏传佛教各大教派的关系上表现为与各教派进行直接交往，这对萨迦派来说显然是不利的。但是，出于种种原因的考虑，蒙哥大汗还是在这一年进行的大规模扩户活动中选择了依靠萨迦派。于是，从1252年年初开始，八思巴就不得不忙于执行蒙哥大汗的命令，协助其对西藏进行扩户以及后续的从思想上对藏地民众进行安抚的工作。远在凉州的八思巴只能委托萨迦寺的人员协助蒙哥大汗扩户。蒙哥大汗扩户的目的主要是清查藏区的人口分布情况，以便日后对蒙古贵族和功臣进行分封。通过扩户，蒙元政府对西藏地区的控制逐渐加强了。

稍微有了一些闲暇之后，八思巴想起了一件非常重要的事情，那就是接受一个比丘僧所应当接受的戒律。可以说，但凡已经出家为僧的人都渴望有一天能够受持具足之戒，因为一旦接受了具足戒，就可以称为真正意义上的喇嘛了，也就意味着对佛法教义的研习达到了一定的高度，同时也表明自己是一个能够坚守戒律的人。比丘戒，又叫作近圆戒、近具戒、大戒。由于与沙弥所受十戒相比，戒品具足，故称具足戒。依戒法规定，受持具足戒即正式取得比丘的资格。但凡欲接受比丘戒的人，须具出家之相，剃须发，披袈裟，且已受沙弥戒，于一切境界中精勤修持，择善离恶，只有这样的人才有资格接受比丘之戒，最终成为一名比丘僧。同时根据佛教的规定，受比丘戒后必须能够遵守二百五十三条戒律，包括"盘巴"四、"拉马"十三、"邦东"三十五、"苏厦"四、"尼结"八十等，主要内容是不杀生、不偷盗、不奸淫、不谎骗等戒律及僧服、饮食等规矩，以及其他言语、行动、起居、念经、礼佛等方面的详细规定。

1252年，八思巴已经十八岁了，距离他受沙弥戒出家为僧已经整整八年了。这八年来，他除了跟随萨班勤奋学习所传授的教法之外，还严格遵守作为一个沙弥所应当遵守的各种戒律，包括不杀生、不偷盗、不淫邪、不妄语、不饮酒等。如今，萨班已经不在，但是他圆寂前夕的嘱托，八思巴是无论如何也不会忘记的，因此这件事始终是八思巴的一桩心事。经过一番思虑之后，这一年的二月三日，八思巴根据萨班的遗愿，在西凉王宫的佛殿内，提笔给噶当派的高僧涅塘巴·扎巴僧格写了一封信，即《八思巴致涅塘巴·扎巴僧格请授比丘戒书》，请求他前来给自己授比丘之戒。

祈愿吉祥！向上师及文殊菩萨顶礼！

向与三世如来所有佛意无别之上师尊者、智慧本性之法主虔诚顶礼！

谨以诚敬之心奉书如下。

具足福德智慧二部资粮、具七种殊胜功德而降生；依先世誓愿之业力而身具三学圣德之上师、犹如以智慧之舟渡往海岛觅取善分别之宝物之舵手、以功德之宝为严饰而慑服诸学者众生而为众生悦服之伟人、天界人世之导师扎巴僧格尊者,释迦牟尼之沙弥僧持金刚洛追坚赞贝桑波弃却傲慢之心,虔诚祈请:

具有无边慈悲及智慧之法主,为利益此世间之外的有情众生,明显如来佛之无垢吉祥,结大发印,示无数神幻而入于寂灭。但彼遗言谓:"汝等不论何事都将得到善果。"现今皇帝安居于索申地方,汗王以当前事务铭记于心,下诏对僧人、方士等敬奉上天之人一概免除兵差,使其安居乐业,并命萨迦派管理所有执事和僧众。为赍送此诏书、清查人口及迎请上师,已派遣(此处原有缺字,可以补充为"格西多吉周和格西松巴")周前来。法主在世之时,经常去皇子驾前,吾一时无福,故未能听受满足心愿之教法。所以曾经商议向您学习经论,并请您任专授比丘戒之上师,法主亦表同意,并致书予您,我亦尝致书恭请,但您未能前来。如法主在世之时,您能前来,他定会高兴。法主曾曰,他若故去,有上师您在他就可以放心等语。多方邀请您仍未前来,不知何故,颇令我失望。而今法主已故,又别无上师,故仍寄望于您,愿向您学习戒律、般若、因明等诸多教法。法主临终时嘱我曰:"您未受比丘戒,令我不安,其余并无挂念。"当时,身边诸人俱言:"请不要如是说,当作法事,祈愿长寿。"……法主答曰:"当今卫、藏、康三地尚无有如上师扎巴僧格博学而又尊胜者,他可与辛底巴媲美。"足见法主仍有此心愿,故请您为实现法主之遗愿而前来。如您不来,又无其他合适

051

之堪布，恐我今生难受比丘戒，亦不能听受许多教法矣，故唯可寄望于您。如今法主已去，只有求请您一人，此情望鉴察。若您前来，因您具有与法主无别之善慧，可遂吾之誓愿欤。所述此语，若我有一句虚妄，持金刚之智慧金刚将会燃烧，使我心脏迸裂百瓣。此言可请上师具慧眼之诸佛陀为证。其余敬呈之语谨以诗体奉告：

> 我之上师已寂灭，入于幻化坛城中。
> 智慧太阳已西沉，慈悲祥云已散净，
> 誓愿甘雨亦已停，叹我之福何其薄，
> 只因福薄乃有此，故此向您来祈请。
> 您若不发慈悲心，我之上师依哪位？
> 书写此邀请信时，思念上师之功德，
> 与您相隔于他乡，不禁悲伤下眼泪。
> 上师护佑之愿力，加上您之慈悲心，
> 再加我之祈祷愿，此请求圆满实现。
> 如此乞求未接受，使我感到很难受。
> 誓愿慈悲又何在？悲痛得吾泣又叫。
> 虽无缘分还有用，您之慈悲何不发？
> 祝祷您见此信后，您如马王受慈悲，
> 鞭策促动奋力争，像疾风速至我处！

您如若至我处，其一是您对萨迦派之看重，其二是为我授此比丘戒而来。窃以为我等之间的最根本情分亦会因此建立。如今您对我方（此处原文有残缺）。又，现今国家安定，行路容易，朵康一带俱系我们的弟子，此点请您牢记在心。为此事，我已派遣岗曲巴前往，他将尽力服侍您。随信所附礼品及您前来所需费用由国王府提供白银五十三大锭。所献不多，待您来此之后我们众人在教法及享用方面不须发愁，定会丰足如意，阳水鼠年二月三日写于凉州王宫之佛殿。祝愿吉祥！

萨班圆寂之前，曾经嘱咐八思巴返回萨迦，从萨迦派的伍由巴·索南僧格受比丘戒，但是八思巴在这封信中邀请的却是噶当派的高僧涅塘巴·扎巴僧格。其实八思巴并不是有意违背萨班的遗愿，因为当时正是萨迦派遇到重重困难的时期，能够对联合其他教派有帮助的事情，他就一定要尽全力去做。

这封信扎巴僧格到底有没有收到，我们已经不得而知，但是八思巴不能在凉州久留了，住在凉州毕竟是身处异乡，再说萨班和阔端都已经不在了，再在这里待下去也不是办法。因此，这一年的八月，为萨班的灵塔举行开光仪式之后，八思巴就踏上了返乡之路，准备按照萨班的遗愿，返回萨迦从伍由巴大师受比丘戒。但是事不凑巧，当八思巴行至朵甘思（今川西藏区）地方时，从往来的各地客商口里得知，伍由巴大师已经圆寂了。既然这样，八思巴就不再继续往回赶了，因为他同时也知道了一些关于蒙哥大汗正按各教派的势力范围将吐蕃分封给诸王，并令其分别与各教派直接建立关系的信息。这不是一件简单的事，拯救萨迦派，刻不容缓！这时，他想起了两年前与之相逢并有过良好第一印象的薛禅汗忽必烈了，这位来自拖雷系的"思大有为于天下"的蒙古王子可不是碌碌无为之辈，更重要的是，他现在权柄在握，而且对萨迦派和八思巴有好感，所以为了萨迦派的前途，无论如何都要想办法再与他见上一面。于是，八思巴受戒一事就这样暂时搁置了，而阔别了多年的故乡，暂时也还不能相见啦。

八思巴再次与忽必烈相逢并且彼此之间建立了更进一步的了解后，他又开始考虑自己的受戒大事了。藏历第四饶迥阴木兔年（1255）五月十一日，八思巴在河州（今甘肃临夏）附近，由涅塘巴·扎巴僧格、恰巴·却吉僧格、藏那巴·尊追僧格、楚·宣努僧格等担任堪布（原为藏传佛教中主持授戒者的称号，与汉传佛教的方丈相似。其后但凡深通经典并为寺院或扎仓之主持的喇嘛，皆称为堪布。担任堪布的僧人大都是获得格西学位的高僧），由羌塘巴·觉敦索南坚赞、乃巴堪布·洛追扎等担任阿阇梨（又作阿舍梨、阿阁黎、阿只利、阿遮利耶，意译为规范师、正行、悦众、应可行、应供养、教授、智贤、传授，意思是教授弟子，使之行为端正合宜而自身又堪称弟子楷模之师。阿阇梨一共分为五种：出家阿阇梨、受戒阿阇梨、教授阿阇梨、受经阿阇梨、依止阿阇梨），由雅隆巴·喇嘛绛曲坚赞担任密教师，与具信比丘喇嘛叶巴、堪布喜饶益希、仁波且涅官等严守戒律之二十一名比丘一起，在僧伽大众中接受了比丘戒律。从此，八思巴成为一名具足资格的比丘。这一年，八思巴二十一岁。

比丘戒，对于一个僧人来说是人生中的一件大事，不然八思巴也不会为它牵挂那么久。为了让大家对比丘戒有更进一步的了解，我们来看看牙含章先生在他的《达赖喇嘛传》一书中对十三世达赖喇嘛受比丘戒的情景所进行的一番描述：

藏历阴木羊年（清光绪二十一年，1895），达赖喇嘛年届二十……受比丘戒的仪式与受沙弥戒的仪式大体相同，日期定于是年正月十一日，在大昭寺释迦牟尼佛像前举行。正月初五，达赖由布达拉宫移住大昭寺，受戒之前在释迦牟尼佛像及显宗四大部佛经前，一律上了酥油灯和贡品。从初六开始，布达拉宫南木甲仓的念经喇嘛就开始念预备经。十一日，达赖和佛师普觉前往释迦牟尼像前，由普觉佛师担任授戒堪布，由达赖副佛师多吉强·林佛罗桑隆多丹增池来巴桑布担任勒罗（补充讲解），珠康活佛罗桑阿旺丹增嘉措担任桑敦（在受戒时向达赖询问是否明白戒义），噶丹寺池巴罗桑楚臣担任堆郭娃（司时，由他主持受戒进行的程序），噶丹寺的夏仔曲吉、强仔曲吉担任者巴保（捧着食具，到时献给达赖），还有念经喇嘛十一人，陪同诵经。受戒完毕，达赖和佛师、噶丹池巴等人赴前日钦冒殿上，由佛师、噶丹池巴、第穆呼图克图、公、噶伦、台吉、扎萨、三大寺洛本以及全体僧俗官员，依次向达赖献了哈达、曼礼、古松图等物，表示祝贺，然后举行噶瓦。

十三世达赖时期与八思巴所处的时期相比，社会已经发生了一些变化，尽管如此，我们还是能够从中发现关于比丘戒传授的一些相似之处。正是千百年来无数高僧对佛法孜孜不倦的追求，促使良好弘佛环境的形成，并最终使得西藏这片神奇的土地上的佛教文化直到今天仍然长盛不衰。

对于八思巴而言，成为一个比丘僧不仅是萨班的遗愿，也是他自己的梦想。更为重要的是，从今以后，他可以在追求佛法进步的路上走得更远更好。

二、再逢忽必烈

藏历第四饶迥阴水牛年，也就是1253年，这一年的七八月间，八思巴决意无论如何也要再与忽必烈见上一面了。而这个时候，忽必烈也正在忙着一件大事，那就是南下征讨大理

（937年，白族人段思平灭大义宁而建立大理国，定都羊苴咩城，其政治中心在云南洱海一带，疆域大致包括今天的云南省、贵州省、四川省西南部，甚至还包括了现今之缅甸北部地区以及老挝与越南的少数地区）。如今，金国灭了，西夏降了，吐蕃也已归于蒙古汗国的统治之下，但是在吐蕃的南面，还有一个叫作大理的国家尚未被征服。按照成吉思汗时期的先例，忽必烈遣使前去招降大理，但是没有成功，于是他决定兴兵以武力攻伐使其臣服。这个时候，忽必烈已经率领蒙古军队往大理的方向前进。就这样，八思巴等到了南下拟征大理的忽必烈并且与之一同前往。是年九月，八思巴跟随忽必烈的军队来到了忒剌（今四川松潘）地方。可以想象，这一路之上，忽必烈一定向八思巴请教了不少关于佛法的问题，彼此之间的良好印象又进一步加深了。但是此时，忽必烈是奉蒙哥大汗的命令征讨大理，一场血雨腥风看来是在所难免了，所以，这种时刻，八思巴是不太适合一同前往的。于是，八思巴留在了忒剌地方，而忽必烈则带着军队继续南下……

十二月，忽必烈亲自率领的蒙古中路大军直逼大理国都，国君段兴智这次终于要为大理国的拒绝投降付出代价了。在蒙古铁骑的强大攻势下，大理军队很快溃散。紧接着，传国二十二代、历三百一十七年的大理国就灭亡了。不过值得庆幸的是，段兴智仅仅经历了"国灭"而没有遭遇"身死"，这与金国、西夏国的国君相比已经很好了。不仅如此，当他被送到哈拉和林的时候，蒙哥大汗还赐给他金符，并让他回去继续掌管大理故地。对于蒙古统治者来说，征服大理意味着疆域的扩大，同时也意味着离灭亡南宋而天下归于一统的日子更近了一步。此后，云南地区以一个行省的形式被纳入中国版图，同时自唐以来，以大理城作为云南政治、经济、文化中心的时代已经结束，昆明逐渐取代了它的位置。

1253年年末，六盘山，忽必烈营帐。尽管这时大理国君段兴智还没有被捉住，大理军队的残余势力也还没有被肃清，但是大理已经不再代表一个独立的政权了，所以忽必烈得先行返回六盘山，后续事情留给兀良合台将军去解决。忽必烈总算稍有闲暇，能够静下心来听八思巴讲授佛法了。除了佛学造诣外，八思巴的史学知识也十分丰富。忽必烈曾用很多问过别人而未得到解答的疑难问题来问他："请问上师，你们吐蕃地方曾出过哪些伟人？"八思巴略加思索后回答说："我们吐蕃地方的伟人有法王祖孙三人。"忽必烈显得有些疑惑："那么，他们为什么被称为伟人呢？"八思巴解释道："松赞干布（吐蕃王朝的建立者，630～650年在位。在位期间印度佛教在吐蕃的影响力逐渐扩大，为独具特色的藏传佛教的形成奠定了重要的基础）是观音菩萨的化身，赤松德赞（吐蕃王朝的第六位赞普，755～797年在位。在位期间吐蕃佛教进一步发展并最终成为国教）是文殊菩萨的化身，赤热巴巾（又称赤祖德赞，吐蕃王朝的第八位赞普，815～836年在位。他在位期间佛教在吐蕃赢得了又一个发展的高峰）是金刚手菩萨的化身，所以他们能够称为伟人。""那么，你们吐蕃地方的勇士又是谁呢？"忽必烈又问道。"我们吐蕃地方能够被称为勇士的乃是一个叫作米拉日巴（1040～1123，藏传佛教噶举派的祖师之一）的人，因为他的前半生为了报仇雪恨而活，但是后半生却皈依三宝并且在佛法上获得了成功。"忽必烈又转开话题："那么，你们吐蕃地方谁是最有学识的人？"八思巴说："最有学问的人当属我的上师法主萨班。""你又从他那里学到了多少呢？"忽必烈追问道。说到这里，八思巴略显激动："上师法主的学识功德犹如大海一样，我所学到的不过是海水之一掬而已。"在八思巴看来，只有在佛教上有重大贡献和建树者，才能够被称为"伟人""勇士"和"学者"。

两人谈话的气氛还算轻松，八思巴所讲的内容也引起了忽必烈不少的兴趣。不过，作为一名蒙古王子，尤其是像他这样常"思大有为于天下"的蒙古统治阶级的上层代表，忽必烈关心的更多的还是政治，因此上述谈话算是暖场，接着他就试着开始和八思巴谈论政治上的事情了。当他要求八思巴派人前往吐蕃之地摊派兵差、收取贡赋的时候，两人产生了分歧。八思巴恳求道："薛禅汗，吐蕃只不过是个地贫而人穷的狭小之地，财力有限，人民根本没有办法承担繁重的兵差呀。"忽必烈有些生气了，在他看来，就算八思巴是值得尊重的佛教僧人，但他终究还是属于归附之民，现在竟然这样和自己说话，实在有点不像话，于是他一口拒绝了八思巴的请求。八思巴也不高兴了："如此，吐蕃的僧人实无必要在此住坐，请放回家乡。"忽必烈的态度也很强硬："那么，可以回去。"显然，两人的谈话陷入了僵局。也许此时，忽必烈对八思巴的了解还不是特别深刻，对于他来说，八思巴并不是不可或缺，失去一个八思巴并不代表自己就不能找到另一个可以传授佛法并能为自己所用的上师。又或者，作为一个总领漠南军事的宗王，忽必烈还是放不下架子，无论如何，有失脸面。就这样，八思巴准备离开忽必烈。幸亏，一名女子的出现化解了这场僵局，这成为八思巴国师之路上的一段小插曲。这个女子的名字叫作察必，她此时是忽必烈的妃子（后来成为皇后），由于生性仁明、勤俭节约，并懂得适时而巧妙地讽谏，因而得到了忽必烈的宠爱。察必王妃对佛法本已生尊崇，从她个人的角度来说，她并不希望八思巴就这样离开。同时这位和忽必烈的祖母孛儿帖一样都来自弘吉剌部的女子也是一个贤惠的妻子，能够帮助丈夫的事她一定会竭尽全力去做的，为了忽必烈，她也要尽力去挽留八思巴。因此，她对忽必烈说，别看八思巴年纪尚轻，比起忽必烈身边的蔡巴派的老僧们，八思巴的知识功德要超出他们好几倍呢，所以应该留住八思巴，这样才好继续向他问法论道呀。忽必烈本来就没有下定决心要八思巴离开自己，而且他一向都会考虑察必所提出的建议和意见，此时察必出来斡旋对他而言也正好是一个下台阶的机会，因此他同意了。

当他再度与八思巴谈论佛法之时，八思巴却故意装出很傲慢的样子，忽必烈很不乐意："你为什么如此倨傲，你的祖先有什么功业吗？"八思巴一改傲慢之态，正色道："我并没有什么威势，但我的先辈曾被汉地、西夏、印度、门地、吐蕃帝王供奉为上师，所以威望甚高。"忽必烈满脸狐疑："吐蕃地方何时有王，何人尊奉拥戴？这与佛书所说不合，必是虚妄。"八思巴耐心地给忽必烈解释，他告诉忽必烈，吐蕃曾与汉地交战，吐蕃获胜并收服南瞻部洲三分之二。此后，汉地又与吐蕃联姻，吐蕃迎来汉地公主与本尊神像。并说："此事实有，佛书虽不载，但有文书记载，请查阅即知。"忽必烈表现出了极大的兴趣，立即命人翻检汉地先前的史籍，果然，上面的记载与八思巴所言几无差别，于是忽必烈变得高兴起来。八思巴见状又说道："此外，早先千万年前，南瞻部洲曾降七日血雨。"忽必烈又命查阅，果然如此，于是他对八思巴更加敬信。八思巴又说："我的父祖之时，西夏之王曾献一锦缎伞盖，可将公鹿从角尖整个罩住。"这件事后来也被证实。至此，忽必烈几乎被八思巴的学识所折服。八思巴以退为进的谋略着实高明。

在接下来的日子里，八思巴应察必王妃的请求，为她传授了萨迦派的喜金刚灌顶，而察必王妃则把她出嫁时的陪嫁品——耳环上的一粒大珍珠献给八思巴作为灌顶的回报。灌顶，是梵文的意译，有驱散和注入的意思。灌顶原为古代印度帝王即位的仪式，即在国王即位之时取四大海洋之水灌于头顶表示祝福。后来佛教密宗仿效此法，凡弟子入门或继承阿阇梨之位时，必须先经过本师以水或醍醐灌洒其头顶。佛教的灌顶主要有传法灌顶和结缘灌顶两种。传法灌顶是继承阿阇梨之位所需经历的程序，而结缘灌顶则是弟子入门所需经历的仪式。这样看来，察必王妃所接受的当是结缘灌顶，也就是说，从此以后，在佛法上她与八思巴就是师徒关系了。

忽必烈对藏传佛教表现出了日益浓厚的兴趣，当他看到察必王妃接受喜金刚灌顶之后对佛教信仰十分虔诚，他也要求八思巴为自己传授灌顶。八思巴何等聪明，他绝不能放弃这个机会，因为他知道，此时正是增加萨迦派影响的时候了。于是，他开始"刁难"忽必烈："恐怕您不太能遵守法誓呀，况且这次也没有精通翻译之人，还是等到将来再说吧。"忽必烈不想放弃这个机会："那么需要守护什么样的法誓呢？"八思巴回答："灌顶之后，上师坐上首，您得以身体礼拜，且悉听上师言语，不违上师意愿。"忽必烈面露难色："这恐怕不行。"于是，两人的谈话再次陷入僵局。这时候，深明大义的察必王妃又出来调停了，最终，她的方案缓和了当时有些紧张的气氛，同时成功地解决了两人所争论的问题。按照她的提议：听法及人少时，上师坐上首；皇子、驸马、官员、百姓聚会时，恐不能震慑，由皇帝（这里指忽必烈，他当时的身份还只是藩王）坐上首。吐蕃之事悉听上师之教，并且不与上师商量就不下诏书。其余大小事因上师心慈，难却别人之请，不能镇国，故大师不必过问。这个提议由于顾全了八思巴和忽必烈各自的脸面和利益，因而得到了双方的赞同。1253年年末，忽必烈在二十五名可受戒之翁则（领诵师）三次受戒之时，接受了萨迦派特有之吉祥喜金刚灌顶。从此，八思巴正式成为忽必烈宗教上的老师，忽必烈则以羊脂玉印、黄金及珍珠镶嵌的袈裟、僧衣、金座、伞盖等作为灌顶的供养。忽必烈接受灌顶后，的确遵守了所发之誓愿，始终对八思巴执弟子之礼，对于吐蕃事务，也做到了"不请于上师不下诏令"。尽管此时忽必烈还只是一个藩王，还没有管辖整个吐蕃的权力，但是不管怎样，忽必烈与萨迦派的联系正朝着日益密切的趋势发展，而八思巴也终于可以暂时不再为萨迦派的前途担忧了，他顺利找到了一位来自拖雷系，而且手握重权，同时可以作为萨迦派靠山的蒙古王子了。

通过这次与忽必烈的再次相逢，八思巴开始了他的国师之漫漫征途。

三、半路杀出噶玛拔希

人们常说，好事多磨。尽管八思巴已经是忽必烈宗教上的老师了，而且忽必烈对八思巴的尊崇也已达到了一定的高度，可以说，八思巴成为国师似乎是顺理成章的事情了。然而，噶玛拔希出现了。

噶玛拔希于藏历第三饶迥阳木鼠年（1204）出生于一个贵族家庭，父亲叫家昂次察，母亲叫僧萨芒吉。据说，他很小的时候就遍读佛教经论，并能领其要旨。由于噶玛拔希被认为是都松钦巴的转世，他后来成了噶玛噶举派的第二世活佛，噶玛噶举派也因此成为藏传佛教中首先采用活佛转世制度的一大教派。

噶玛噶举派是藏传佛教噶举派的一个分支，而且是势力最强、影响最大的一个分支，由噶举派的创始人达波拉杰最著名的弟子都松钦巴（1110~1193）创建。都松钦巴出生于多康哲雪岗吉热哇地方，幼年跟随父亲学习佛教祷告词和简单的密法修持，十六岁时跟从却果噶寺堪布乔拉·恰森格扎大师受沙弥戒，十九岁到前藏学法，系统学习了《弥勒法》《中观》《因明》等佛法基础理论，后来又修习了噶当派的《道次第法》等经典，三十岁的时候拜达波拉杰为师，跟随其学习噶举派的密法经典，取得了很大的成就。藏历第三饶迥阴火牛年（1157），都松钦巴学成回到故乡，在多康噶玛地方修建了噶玛丹萨寺，并以该寺作为弘法的基础，从此形成了噶举派又一新分支，也就是噶玛噶举派。藏历第三饶迥阴水牛年（1193），都松钦巴在楚布寺圆寂，享年八十四岁。由于他在临终前嘱咐继承者要寻访自己的转世灵童，好让自己转世人间，因此，"活佛转世"制度就这样产生了，这乃是噶举派在藏传佛教史上的一大创举。

1253年秋天，八思巴与忽必烈在忒剌地方暂别后，忽必烈率军继续南下征讨大理。当他路过四川西北地区时，在嘉绒的绒域色堆地方顺便召见了当时住在朵甘思的噶玛拔希，这是忽必烈与噶玛拔希的第一次见面。然而正是这一次见面，为后面即将要发生的离奇故事埋下了伏笔。藏历第四饶迥阴木兔年（1255）五月，八思巴离开了忽必烈到河州接受比丘戒，完成他人生中的一件大事。就在这期间，噶玛拔希应忽必烈的邀请，来到其营地再次与之会晤。忽必烈的确是一位很有智慧的人，尽管他已与八思巴结成了师徒关系，但是八思巴走后，他显然是反复而慎重地考虑了一番的，他还是想试着再与其他教派接触，也许将来对自己会有好处。

上一次与噶玛拔希见面，由于忽必烈急于行军，双方没有机会深入交谈。所以这次，噶玛拔希一定要抓住机会好好展示一下自己的本领。于是他大显神通，使忽必烈发菩提心，见到了诺桑和龙树等众多菩萨。围观的后妃以及幕僚们被噶玛拔希的神奇幻术深深地吸引住了，于是他们得出了这样的结论："我们的上师（八思巴）虽是如来佛及无量光佛二尊化现于人世，他们的神通应无大小之别，但从眼前的神通法力来看，还是这位上师（指噶玛拔希）高一些。"可是，远在河州的八思巴此时还不知道他在忽必烈身边的地位由于这位噶玛噶举派的喇嘛的出现已经受到威胁了。这时，一直以来都支持八思巴的察必王妃再一次帮了他的大忙。经过察必王妃的通报，八思巴很快赶到忽必烈营地，与噶玛拔希斗起法来。他请求察必王妃取来一柄利剑，并说："我的肢体受五部佛护佑，为使你们王臣相信并祈愿转生五部佛地，我在座位上将身体剁为五段，你们可对此礼拜。"于是他以剑戳肢体，众人见状，都惊呆了，于是叫他停止作法。利剑刺到身体，竟然没有使身体受到丝毫损害，这是何等神奇的法术，噶玛拔希所施法术与之相比，实在只能算是雕虫小技了。难怪那些围观的后妃和幕僚要惊叹："虽然以前曾有多人在汗王驾前显示无数神通，但为利益众生而如此作法者实在绝无仅有，再不可以为有人的断证功德能够超过我们的上师了。"八思巴敢于作出这样的举动来，看来他确实是豁出去了。不管他是为了"利益众生"，还是为了利益萨迦派，总之，在关键时刻，他总能果断行事。

除此之外，噶玛拔希实际上也在一定程度上成就了后来的八思巴。本来，广揽贤才的忽必烈想把噶玛拔希也留在身边为自己所用，但是噶玛拔希没有答应。也许，他的志向是云游四方，弘扬佛法，又或者，他想寻找更大的发展空间，总之他没有留下来。不管怎么样，忽必烈的自尊心还是被重重地伤害了，作为一名位高权重的蒙古藩王，不知道有多少人梦想着投到自己麾下，这个不识好歹的喇嘛居然不把自己放在眼里，所以忽必烈感到十分气恼却又无计可施。相比之下，同样不乏渊博的学识，但为人更加谦恭的青年佛学者八思巴就更加值得尊敬了。

因此，噶玛拔希的到来不过是一段有惊无险的小插曲而已。从此以后，八思巴的国师之路变得顺遂多了。

四、遭遇钩拷横祸

经历了噶玛拔希风波之后，八思巴以其自身的人格魅力和高深的佛法造诣进一步赢得了忽必烈的青睐。然而这一次，八思巴所倚靠的薛禅汗忽必烈经历了他生命中的一场浩劫，几乎断送了他的政治前途。也许，八思巴与忽必烈都没有料到这场劫难的降临，但事实上，征兆并不是完全没有，早在忽必烈积极学习汉族文化，并招徕大批汉人儒士，积极实施"以汉法治汉地"策略的时候，就已经注定他这种"不遵祖制"的做法会遭到蒙古守旧派攻击。

1256年，当忽必烈再次让子聪和尚为自己即将动工的宫室看风水的时候，蒙哥大汗终于按捺不住了，因为他一直都"自谓遵祖宗之法，不蹈袭他国所为"，但忽必烈的一系列行为在他看来绝对是有悖蒙古祖制的，再加上他身边的守旧大臣以及嫉妒忽必烈总领漠南军事的藩王们从旁撺掇，蒙哥大汗最终下定决心要惩治一下忽必烈了。就这样，忽必烈被解除了军权，同年六月的伐宋行动也由蒙哥大汗亲自统率，而忽必烈则被排斥在外。这还不是最糟糕的，当第二年蒙哥大汗的军队抵达六盘山时，他派亲信阿兰答儿、脱因、囊加台、刘太平等到陕西、河南等地开展了一场大规模的钩拷（检查考核）活动，而钩拷的重点就是忽必烈按照汉法所创设的陕西宣抚司、河南经略司，于是这些机构的大小官员很多受到牵连而被罗织治罪。很显然，这是蒙哥大汗有意为之，目的就是要"先除羽翼，后治魁首"。

忽必烈人生中的浩劫真正来临了，为此他感到惊恐不安，而他的汉族谋臣再一次派上了用场。最后，忽必烈采纳汉儒姚枢的计谋，以妻、子送至和林为质，并且主动面见蒙哥大汗，负荆请罪，以求得蒙哥大汗的谅解。其实，这种做法在汉族历史中并不少见，而且这样做的效果常常也是比较明显的。果然，蒙哥大汗对忽必烈的觐见感到有点慌张，他没有料到忽必烈居然会亲自前来请罪。人心都是肉长的，蒙哥大汗开始念起手足之情来了。对他来说，忽必烈为他继承汗位也立下不少功劳，此时看到忽必烈身上由于急于赶路还没有来得及换下沾满尘土的衣服时，蒙哥大汗不由得心软了，突然觉得很对不起眼前这个亲弟弟。相顾无言，兄弟俩居然都哭了，血始终还是浓于水的。于是，忽必烈成功地化解了一场政治危机，尽管后来蒙哥大汗还是裁撤了他所设立的行部、安抚、经略、都漕诸司，但不管怎样，最危险的时刻算是过去了。

那么这个时候，八思巴在做什么呢？他在潜心修习佛法之余，也并没有忘记关心时局。经过噶玛拔希事件后，八思巴除了中途偶有离开外，几乎留在忽必烈身边。因此，他对于忽必烈的遭遇是看在眼里，同时也一定不会袖手旁观的，无论如何，他都会想法为忽必烈分忧解难。作为一个宗教人士（此时他已受比丘戒），八思巴对忽必烈的支持主要表现在给予他精神上的动力。这段时期，八思巴主要做了如下事情：

藏历第四饶迥阳火龙年（1256）元旦，八思巴像往年一样照常写了新年贺辞向忽必烈一家表示新年祝贺（事实上，自1255年开始，八思巴每逢新年都要为忽必烈一家写新年贺辞，即使不在忽必烈身边，他也会掐着日期提前写好，然后派人如期送达，这种习惯一直保持到1280年他圆寂）。是年七月，八思巴应拖雷之子末哥的请求，讲了《文殊菩萨修行法》并写成进献。十月，写成《四臂不动金刚修行法》《不动金刚赞颂》和《十三尊红阁摩敌修行法》。藏历第四饶迥阴火蛇年（1257）元旦，仍写贺辞致忽必烈一家。除此之外，八思巴写了《不动佛烧施仪轨》和《五天女赞颂》两篇特别的文章，其中，前一篇文章中"烧施"一词表明了八思巴为给困境中的忽必烈分忧解难所作出的努力。烧施，是佛教密宗焚烧柏枝、酥油、花果等祭祀神灵以祈求福祉的一种宗教活动，并被认为是祛除灾难的最有效的方法。到了这一年的五月至七月，八思巴巡礼佛教名山五台山之后，更是写下《赞颂诗——花朵之蔓》，充分表达了为忽必烈祈福的意愿。他在题记中写道：

依忽必烈王之福德，讲经僧八思巴前来五台山向文殊菩萨祈愿时，释迦牟尼显示多种神变，因而生赞颂之心，为使解脱之法幢矗立、护佑众生之故，阴火蛇年七月八日于五台山写成此《赞颂诗——花朵之蔓》。

　　这一次，忽必烈遇到了他人生中的重大困难，而八思巴几乎是毫不犹豫地站在了他的身边，并且用自己特有的方式给予忽必烈以最大的支持和帮助。也许，忽必烈应该感谢他大哥所进行的这次钩拷。经过这件事，他在政治上又成熟了许多，政治经验也增加了不少，同时他更看清了眼前这位青年喇嘛——八思巴是值得信赖的。对于八思巴而言，不管他是出于对忽必烈的感激，还是预见到他的辉煌前途，或者两者兼而有之，无论如何，经过这一次，忽必烈对他的尊崇一定是进一步加深了。从这个角度来看，这次钩拷之祸也并不是没有一点益处，正所谓"塞翁失马，焉知非福"。对忽必烈是这样，对八思巴亦是如此。

五、佛教圣地五台山

　　五台山位于我国山西省东北部忻州五台县和繁峙县之间，西南距离太原市240公里。五台山隶属于太行山系，所谓"五台"，也就是组成五台山的五座高峰，即中台翠岩峰、东台望海峰、南台锦绣峰、西台挂月峰、北台叶斗峰。五座高峰山势雄伟，重峦叠嶂，方圆250公里，总面积达2837平方公里。五台山与浙江普陀山、安徽九华山、四川峨眉山合称为"中国四大佛教名山"，同时与尼泊尔蓝毗尼花园，印度鹿野苑、菩提迦耶、拘尸那迦合称为"世界五大佛教圣地"。五台山，以其优美旖旎的自然风光、厚重源远的历史积淀，千百年来令无数骚人墨客驻足忘返。宋代诗人张商英就曾赋诗《游五台山诗》

一首，金元之际诗人元好问更是感慨万分地赞道："此景只应天山有，岂知身在妙高峰。"

　　能够前往五台山巡礼朝拜，是藏在八思巴心中多年的愿望，因为那里是文殊菩萨讲经弘法的道场，是佛教的圣地。若干年以前，上师萨班就曾梦游五台山，并且挥笔成书，《智入空性论》随之而诞生。因此，八思巴对脚下的这片土地充满了虔诚和崇敬之情。这份崇敬，早已化作了一篇篇饱含深情而又充满智慧的经典之作，至今仍让人叹为观止。《上师颂》《法主颂——颂声之海》《释迦王颂》《弥勒颂》《十六罗汉颂》《文殊名义颂》《五台山颂》《法轮颂》《再颂文殊两篇》《观世音颂》《三宝颂》《文殊胜颂》《十五无我母颂》《十忿怒明王颂》《胜乐坛城颂》《无量寿颂》《帕热那夏巴里颂》《具光明颂》《欲界天颂》《五守护天神颂》《五守护坛城天神颂》《不动金刚颂》《宝帐怙主兄妹颂》《梵天颂》《复颂上师之花蔓》《传承珠书论》《不共祝祷句释》《向十方三世佛祝祷》《不共经咒》《上师瑜伽论》《向上师供奉曼荼罗仪轨》《道果法经义论》《转生文》《三净地讲义》《止浦巴五次第》《无边量光佛修习义》《甚深义释》《大手印修习经咒》《大手印七支法》《无上瑜伽》《喜金刚要义》《清净地》《德树地》《喜金刚续第二品之注疏》《宝帐依怙注疏》《桑布扎偈颂》《金刚菩萨之修念》《勇猛护轮如意宝》《六支法论》《文殊菩萨五台山赞颂——珍宝之蔓》等著作，无不透露出八思巴的道山学海与超凡入圣。八思巴更以自己独特的方式抒发他对五台山的款款深情，在颇有浓郁佛教色彩的《文殊菩萨五台山赞颂——珍宝之蔓》一文中，他赞颂道：

　　　如须弥山王地五台山，

基座像黄金大地牢固，

五峰突兀精心巧安排：

中台如雄狮发怒逞威，

山崖像白莲一般洁白；

东台如同象王的顶髻，

草木像苍穹一样深邃；

南台如同骏马卧原野，

金色花朵放射出异彩；

西台如孔雀翩翩起舞，

向大地闪耀月莲之光；

北台如大鹏展开双翼，

满布绿玉一般的大树。

八思巴站在这清凉山上，尽管已经入夏，但山风拂面，依然是那么凉爽宜人、沁人心脾……

五台山以其浓烈厚重的人文气息吸引了多少慕名前来的人，反过来，无数与此有关的奇闻逸事又为五台山抹上了几许神秘色彩。

相传东汉王朝的第二个皇帝明帝刘庄，在恍惚之间仿佛看见一个高大的金人自西土飘来，正当他要张口询问的时候，一切又回到了现实，原来这不过是一场梦，但梦境中的事物却一直萦绕在明帝脑海中，久久地，挥之不去。或许他没有想到，金人自西方飘来也许正是佛法将要传入中原并在此生根发芽、开花结果的一个征兆呢。果然，永平十年（公元67年），明帝派往西域求法的使者同两位印度高僧"不期而遇"，并且一同返回了都城洛阳。明帝非常高兴，于是第二年就在洛阳城西雍门外的御道之南，为两位高僧修建了一座作为其驻锡之所的寺庙，由于他们所携带的经书是用白马驮来的，所以叫作"白马寺"。于是，在华夏大地，洛河之滨，中国历史上第一座佛教寺庙诞生了。白马驮来的不仅仅是佛教的经典，它更开启了世界上两个古老而伟大文明之间更为直接的巅峰对话。从此，在巍巍中华大地之上，另一种称为"佛教"的文化开始在这片神奇的土地上传播开来……同样也是在这一年，当初以白马驮经前来中土弘法传教的两位印度高僧迦叶摩腾、竺法兰，从洛阳来到了五台山。他们一下子就迷上了这个地方，不仅仅是因为它风光秀丽，景色迷人，更为重要的是，位于营访村的这座山，山势雄伟而气象非凡，和佛陀当年修行的灵鹫山倒有几分相似。然而，这里原本是道教的势力范围，于是在汉明帝的支持下，佛教僧人与道教道士以焚经的方式来辨别彼此孰优孰劣，谁高谁下。最终，佛教获得了胜利，获得了在此建寺的权利。五台山上，一座叫作"大孚灵鹫寺"的佛教寺庙因此拔地而起。从此以后，五台山上的香火绵延不绝，即使是变幻了时空，一千多年之后的今天，我们仍能从那似乎永恒不变的晨钟暮鼓中感受到来自佛陀的伟大力量。

时间很快跨过两汉，进入了南北朝，这个刚刚经历了十六国的动乱与萧条的时代，仍然不甚太平。此时，佛教已经在中华大地上生根发芽了，而佛所宣扬的法门，对那些正饱尝战乱之苦的人来说，无疑使他们看到了希望，看到了未来，此生得不到的幸福，就寄希望于来生吧！就这样，大批的苦难者纷纷皈依了三宝。北魏，这个由鲜卑人建立的王朝，这时还处在发展的上升阶段，相比南方王朝的保守，它无处不透露出一个马背民族开疆拓土的决心与勇气。而此时在位的北魏第六个皇帝孝文帝拓跋弘正值年富力强的年纪。这位少数民族皇帝所具有的远见卓识，是许多汉族人都无法与之相提并论的。或许，他看到了佛教对于治国安邦、施政驭民有某种妙不可言的作用，他一改先祖太武帝拓跋焘对佛教的态度（主要是指太武帝的灭佛事件），在国内推崇佛教。总之，与同时期的许多其他帝王一样，他对佛教的态度是十分尊崇的，而他本人，也成了中国历史上第一个巡幸五台山的封建帝王，与此同时，他对东汉时期的大孚灵鹫寺进行了大规模的扩建。另外还在五台山修建了佛光寺、清凉寺等十二座佛教寺庙。因此，五台山这块风水宝地，一时之间众僧云集，佛风大盛。有着"神鸾"之称，被后世净土宗尊为祖师的昙鸾法师（476～542，年仅十四岁就落发于佛光寺，出家为僧，一生弘扬净土思想，是一位杰出的净土宗大师。其著作主要有《无量寿经优婆提舍愿生偈注》《略论安乐净土义》《赞阿弥陀佛》《调气论》《疗百病杂丸方》《论气治疗方》《调气方》《服气要诀》）也与五台山结下了不解之缘，而使五台山之佛教迎来了发展的第一个高峰。

五台山成为佛教圣地，并在世界上产生重大影响，是从唐代开始的。盛世大唐，呈现给世人的不仅仅是诗歌的一片繁荣，同时，这个时代也以自己特有的包容心态接纳了其他事物，当然也包括佛教。唐高祖李渊称帝之前就曾立誓，如果当上皇帝，一定大力弘扬三宝。太宗李世民即位，更是建寺十刹，度僧数百，以突出五台山——"祖宗植德之所"的特殊地位。时至武曌——中国历史上唯一的一位女皇帝，其崇佛更是到了无以复加的地步。她曾叫人专程赶往五台山摘回菊花，以求闻到花上的佛香，由于政务繁忙而无暇登山，只好"神游五顶（五台山的五大高峰）"。她也没有忘记下诏重修清凉寺，同时封赐其住持法师。此后，五台山之佛教迎来了发展的第二个高潮。而生于738年、卒于839年的澄观法师则以他一百多岁的高龄成为这一时期五台山佛教兴盛的见证者。这位被尊为华严宗四祖的高僧，在游历了五台、峨眉诸山之后，回到了五台山，并且选择了留在大华严寺，一心修行。澄观法师一生的著作主要有《华严经疏》《大方广佛华严经疏》《大方广佛华严经随疏演义钞》《华严经行愿品疏》《大华严经略策》《新译华严经七处九会颂释章》《华严经入法界品十八问答》《三圣圆融观门》《华严法界玄镜》《五蕴观》《华严心要法门》《华严经纲要》。

时间的记忆辗转来到了北宋与辽国之间的那场陈家谷口之战，金刀无敌的令公杨业，这一次却没能再延续无敌神话，最终他的军队全军覆没。陈家谷口，空余战马嘶鸣；金沙滩头，徒留忠魂饮恨。英雄末路的悲歌响彻云霄，在生命的最后时刻，他选择了头破李陵碑，以死兑现了"难得此生长报国，何须生入玉门关"的承诺。杨家的儿郎也纷纷战死沙场，但却不见五郎延德的尸身。原来，天性慈悲、一心向佛的他，在突围中悲愤交加，猛然想起当日与父亲和兄弟到五台山拜佛时，智聪禅师留给自己的一个小盒子，掏出一看，原来是剃刀、度牒等物，他一下子明白了禅师的意思，于是自己剃光了头发，转身朝五台山走去……终于，在五台山，他皈依了佛门，那一刻，尘世间的一切纷扰结束了，只留下青灯古佛、晨钟暮鼓……

八思巴驻足山顶，凝望远方，他仿佛看到了那些早已作古的先贤往圣。来到这佛教圣地顶礼膜拜，总算了却他平生的一桩心愿！而八思巴这一次的五台山之行，对他本人，对其他人，乃至后来的整个大元帝国都产生了十分重大的影响。也许冥冥中早已注定他与五台山的缘分绝不会这么浅：他自己的衣冠将会被葬在五台山，成了一座衣冠塔；他的弟子中有一名胆巴者将来还会受命住持寿宁寺。而五台山，也成了四大佛教名山之中唯一一个藏、汉佛教并重，青黄庙宇共接，兼有汉、藏传佛教之大道场。此后，五台山成为沟通汉、藏、蒙、满等族宗教文化交流的重要纽带。

当八思巴结束他的五台山之行回到忽必烈身边的时候，他已经收获了很多很多。还没有结束钩拷厄运折磨的忽必烈，一定对刚从五台山归来的上师充满了期待，而八思巴的眼神则给了他莫大的勇气和信心。忽必烈决定，不管怎么样，一定要坚强地迎接困难与挑战。

六、由《老子化胡经》引发的佛道辩论

当佛教作为一种外来文化传入中国的时候，就已经注定了它一定会与中国同有的文化发生碰撞，而表现形式可以是多种多样的，但无论如何，最终的结果就是两种文化都发生了某种改变，至少与先前的自己已经不完全一样了。

佛教最初传入中原大地并不是一帆风顺的，当年那两位只身前来中土弘法的印度高僧也许内心深处还是感到了身处他乡的孤独，或许也有对佛教命运的担忧，尽管汉明帝一开始就表现出了对佛教的极大热忱。所以，佛教最初传来中土的时候，尽量保持了一种谦恭的态度，对于中国同有的文化（包括道教），佛教选择了积极与之靠拢的态势，目的就是希望尽量减轻人们对异质文化最初的那种不适应感。而道教，则是中国土生土长的宗教，距今已经有一千八百多年的历史了，这样一种深深扎根于中华文化沃土中，极具鲜明本土特色的固有宗教，对中华文化的各个层面（如哲学、伦理、文艺、科技、医学、地理等）都产生了深远而重大的影响。

东汉张道陵创立的"五斗米教"为道教定型化之始，到了南北朝逐渐趋于完备。由于它以"道"为最高信仰，认为"道"是宇宙万物的本原，故有"道教"之名，而先秦时期道家思想的创始人老聃则被道教徒尊为"太上老君"，被认为是道教的鼻祖。道教的经典主要包括《道德经》（《老子》）及《正一经》《太平洞经》等。在道教看来，宇宙、阴阳、万物都是由它化生的，在万物中，除了人居住的世界以外，还有神仙居住的所谓十大洞天、三十六小洞天和七十二福地。道化为三种气，再化成三位至高无上的神，即元始天尊、灵宝天尊和道德天尊。除此之外，道教的其他神灵，譬如三十六天罡、七十二地煞、玉皇大帝、王母娘娘、真武大帝、碧霞元君、骊山老母、关圣帝君、土地、灶君、门神等，最终组成了一个庞大而近乎完备的神灵体系。可以说，在中国人尤其是古代中国人的日常生活中，我们几乎可以找到道教的影子，它对于我们的整个民族心理的形成产生了极其深刻的影响，难怪鲁迅先生说"中国根柢全在道教"。

道教还有一个重要的特点就是相信人可以长生不死，可以成仙，其方式可以通过求神、修炼"得道"，最终白日飞天，长存仙界。也许正是由于这一点，道教得到了历代帝王、贵胄甚至平民百姓的青睐，因为能成为神仙，实在是一个美丽动人而又极具诱惑力的梦。只不过一般的平民百姓想则想矣，他们基本上没有足够强大的财力去实现自己的愿望。而富有天下的帝王们不仅渴求长生不死的愿望比一般人强烈，更为重要的是，他们是最有权势的人，在那个封建集权制高度发达的年代，他们能够动员天下所有的人力、物力、财力去成全自己一个人的神仙美梦。

佛教既然在中国日益站稳了脚跟，那么，它似乎已没有太大的必要一味地迎合别人了，把最真实的自己展现在世人面前的时刻已经到了，佛教就是佛教，为什么还要委屈地叫作"浮屠道"呢？而作为中国土生土长的道教，也许还是感到了一丝的优越感，无论如何它也不甘心这种看似平衡的"平衡"被打破。于是，道教反复向世人强调：道祖李耳当年西出函谷，历经一番周折，终于到了迦毗罗卫国，也就是释迦牟尼的故乡。在老子的点化下，这位当年的悉达多王子终于在菩提树下悟道成佛。这就是关于《老子化胡经》的较早说法。后来这个观点愈传愈神，最终形成了西晋天师道王浮的《老子化胡经》，而这正是长期被道教视为自身优于佛教的一个重要依据。佛教当然不会甘心屈居人下，那些佛教的虔诚信仰者把反对"老子化胡"的观点当作了人生之大事。早在佛教传入的东汉时期，就有牟融著《理惑论》一书，记述释迦牟尼的身世、出家、成道、传教的事迹，以及佛教在中国的传播情况，以此来反对"老子化胡"一说。就这样，围绕《老子化胡经》的真伪，佛、道两家的唇枪舌剑激烈地展开了，这一战就是上千年。激烈论战的背后有着深刻的政治原因，或者换句话说，佛、道两教的论战之所以能够相持千年而不停止，这与统治者对两者都采取了扶持的态度是分不开的，只不过扶持的力度有所不同，此一时彼一时而已。

这样看来，1258年春夏之交，在忽必烈位于开平的王府中所进行的那场佛、道辩论已经不鲜见了，或许这只不过是持续了上千年的佛、道之争在蒙古汗国的又一次延续。在此之前，佛教与道教已经争辩了足足三次了，分别在1255年、1256年和1257年。而这一次，则是第四次，也是最后一次。前几次辩论的结果，佛教总是略胜一筹。此时的忽必烈在经历了钩拷之祸的折磨后，又逐渐开始在政治舞台上活跃起来，面对蒙哥大汗交给自己的这次主持佛、道辩论的任务，他一定不会怠慢，更何况此时已经接受八思巴灌顶的他，对于佛教总还是有着特殊的感情。尽管到目前为止，佛教的优势已经比较明显，可毕竟在中国这片土地上成长起来的道教，其影响力都不会很弱。早在成吉思汗时代，蒙古的统治者就奉行了宗教开明的政策，在他们素来崇信的萨满教之外，对于各种宗教，他们都采取了兼容并包的态度，而道教当然也包括在内。1219年，佛教禅宗僧侣与道教全真派领袖都被邀请去与成吉思汗会晤。然而不管怎么样，佛教、道教之间决一雌雄是在所难免了。

对于这次决定自身前途命运的辩论，佛、道两派都花费了不少心思，单从双方参加辩论的阵容便可管窥一二：佛教方面以克什米尔僧人那摩为首，另外还有西蕃国师、河西国师、外五路僧、大理国僧、汉地中都圆福寺长老从超、奉福寺长老德享以及八思巴等，共有三百人；道教方面以张真人为首，另外还有道录樊志应、通判魏志阳、讲师周志立等，共有二百余人，但是实际上参与辩论的人可能比这个数字要少得多。此外，还有忽必烈手下的谋士姚枢、窦汉卿、廉希宪等共同担任见证人。双方在辩论之前曾约定：道胜，则僧冠首而为道；僧胜，则道削发而为僧。双方还约定按照印度宗教之辩论习惯，失败一方须向胜出一方奉献花环，并接受对方教法。而薛禅汗忽必烈则充当此次辩论的主持者和仲裁者。

就这样，一场紧张而激烈的辩论开始了。佛教首先发难："你们常宣扬化胡成佛经，且问佛是何意？"道教回答："佛，就是觉悟，说的就是觉天觉地、觉阴觉阳、觉仁觉义。"佛教不同意道教的观点："不是这样的，所谓觉者，乃自觉觉他，觉行图满，三觉圆明，故号佛陀，哪是仅仅指觉悟天地、阴阳、仁义而已呢。"这时，忽必烈对身旁的谋士说道："我也是先知仁义，这是孔夫子所说的话，说佛觉仁觉义，这个说法是错误的。"于是道教又把《史记》等书搬出来，想依靠多种说法取胜。这时候，年轻的八思巴忍不住了，他站了出来，很严肃地诘问对方："这是什么书？"道教回答："是记述前代帝王的书。"忽必烈插话道："你们今天所讨论的是教法，为何要攀援前代帝王。"八思巴接过话茬："我们天竺也有这一类书，你们听说过吗？"道教说："没有。"八思巴说："我来为你们说吧，天竺频婆娑罗王曾赞道：'天上天下无如佛，十方世界亦无比。世间所有我尽见，一切无有如佛者。'当他说这句话的时候，老子在吗？"道教顿时哑口无言。八思巴借此乘胜追击，又问道："你们《史记》有化胡之说吗？"道教承认没有。八思巴又问道："老子所传下来的是什么经书？"道教回答说是《道德经》。八思巴步步紧逼："除此之外还有什么经书？"道教只得承认没有。于是，八思巴据此得出了结论："既然《史记》中没有，《道德经》中也没有，那么，《老子化胡经》虚伪妄言的事实已经十分明显了！"面对八思巴连珠炮似的一番诘难，一群道士终于理屈词穷，变得狼狈不堪。于是姚枢当众宣布道教失败。接下来，道教不得不面对一次几乎致命性的打击：以樊志应为首的一群道士被迫到龙光寺削发为僧，被认定为伪经的《老子化胡经》四十五部被焚烧一空，而曾经被道教所占据的一些佛寺也不得不悉数归还。

经过这次辩论，佛教终于战胜了道教，从此它的地位更加超越了道教，而八思巴也在这次佛、道辩论中赢得了更大的名气，忽必烈对他的尊崇定然会达到一个新的高度。同时可以肯定的是，八思巴的眼界又拓宽了，他对佛法的认识也定然达到了一个更高深的境界。这些，对他日后是不无裨益的。

除了忽必烈倾向于支持佛教之外，佛教在这次辩论中取胜的另一个重要原因还在于其教义的相对完整性和系统性，同时佛教还有一个很重要的传统，那就是十分注重培养僧人的逻辑推理能力，如"辩经"是藏传佛教喇嘛攻读显宗经典的必要方式。因此，在这样的环境中成长起来的八思巴，尽管年纪较轻，但已经是一个学识渊博同时擅长辩论的高手了。然而值得格外强调的是，尽管道教最后避免不了失败的命运，但是道教并没有从此消失，只不过是屈居第二的位置罢了。事实上，道教与佛教之间，甚至可以说它们与其他任何宗教文化之间，不可能是绝对对立的，各种文化在彼此碰撞的那一刻，悄然地发生某种融合。在中国的民间社会，老百姓选择供奉玉皇大帝的同时，也许还会同时供奉观世音菩萨，而最终，也许他们自己都搞不懂到底哪一个属于道教，哪一个属于佛教。看似奇异的一对组合，却还偏偏能和谐共生，或许，这就是中国文化的魅力之所在吧。

七、薛禅皇帝

1260年，对刚刚从钩拷之祸的阴霾中走出来的忽必烈来说，实在是意义非凡的一年。

　　早在藏历第四饶迥阳土马年（1258）八月，蒙哥大汗亲率大军南下，分路大举进攻南宋，不仅他自己率领的西路军进军缓慢，很多城池迟迟攻不下来，而且东路军统帅塔察儿也遇到南宋军民的坚决抵抗，终致无功而返，这使得他非常气恼。忽必烈正是在这个时候赢得了一个翻身的机会，他得以接替塔察儿成为东路军的统帅，总督大军渡河作战，攻打鄂州（今湖北武汉）。从此，忽必烈终于有了"戴罪立功"的机会。次年七月，尽管合州钓鱼城（坐落在今重庆市合川城东五公里的钓鱼山上，传说有神仙曾在此钓鱼解百姓饥馑，故得名。钓鱼山山势突兀耸立，山下嘉陵江、渠江、涪江三江汇流，南、北、西三面环水，地势险要，易守难攻）已经被围困数月了，但是守将王坚、张钰在老百姓的支持下表现出了誓死抵抗的决心与勇气。所以，就算蒙古骑兵有多骁勇善战，当他们来到合州，来到有着"东方麦加城"之称的钓鱼城下，就注定他们在平原上冲锋陷阵的那股狠劲必然要大打折扣。他们的统帅蒙哥大汗，更是连命也搭在这儿了，也许他自己也没有料到他的生命会在这个时候终结，更没有料到会结束在这个地方，因为他的理想还没有完全实现。如果蒙哥大汗没有猝死，也许蒙古骑兵的铁蹄还会踏向距离蒙古草原更为遥远的世界。然而正是这场旷日持久的钓鱼城保卫战，改变了蒙古人的战略目标，而忽必烈，他的人生轨迹，也因为蒙哥大汗的亡故而发生了改变。

　　藏历第四饶迥阳铁猴年（1260）三月，忽必烈在鄂州与南宋丞相贾似道议和、匆忙结束战事之后，经过一番准备，在部分蒙古宗王的拥护下，在身边汉儒谋士的帮助下，在开平府

（位于今内蒙古正蓝旗，为故元都城之一）召开了忽里勒台大会，宣布即蒙古大汗位，是为元世祖，在蒙古语中又被称为"薛禅可汗"。与历代蒙古大汗不同的是，忽必烈建立了蒙古汗国历史上的第一个年号，即"中统"。这个年号的字面意思已经告诉我们，忽必烈的内心多么渴望自己的政权能够代表整个中国，多么渴望自己的政权就是中原正统王朝，尽管它还没有获得最广泛的认同，实际上也只有一个早已破败不堪的南宋王朝依然在那儿苟延残喘、苦苦挣扎了。为了实现一统天下的目的，早在潜邸之时就聚集在他身边的那群汉儒谋士如今更是派上了用场，忽必烈的很多策略都是在他们的帮助下提出来的。事实上，从即位的那一天起，忽必烈就开始了自己控制区域内新一轮的政权建设，并多次表现出了"鼎新革故，务一万方"的雄心壮志。

可是，忽必烈的宏伟大计遇到了很大的障碍，这个障碍如果不除去，他的政权距离人们心目中真正的中原正统王朝也许还有很长的路途。这个障碍，就是阿里不哥和他身边的那一群保守的奴隶主贵族。在他们眼里，忽必烈无论如何都是不可原谅的，因为他背弃了祖宗的法度。这一年的五月，奉蒙哥大汗之命留守哈拉和林的阿里不哥也召集了一群拥护自己的蒙古宗王，在阿勒台的驻夏之地举行了忽里勒台大会，宣布自己继承蒙古大汗位。这样，一个蒙古汗国同时出现了两位大汗。俗话说一山不容二虎，国家也不可能同时存在两位大汗，更何况他们还是分别代表了两种完全对立的治国策略。如此看来，一场血雨腥风的政治斗争在所难免了。从表面上看，当时的形势对忽必烈并不是非常有利，一方面，尽管支持他的蒙古宗王不算少，但大多是东道诸王，而西道诸王采取观望态度的也不在少数；另一方面，忽必烈即汗位的地方是开平而不是在蒙古草原。根据祖制，只有在蒙古草原上通过忽里勒台大会继承汗位，才是合法有效的大汗，并且还应当在会前召集成吉思汗四个兀鲁思（蒙古诸王的分地）的代表们出席。而这一点，恰恰是忽必烈无法具备的，因此他的大汗之位在当时看来多少有点名不正言不顺。但最终，也就是在1264年，忽必烈赢得了最后的胜利，阿里不哥彻底输给了忽必烈，而对胜负具有决定意义的则是察合台后王阿鲁忽的倒戈相向，这样使阿里不哥腹背受敌，最终走投无路的阿里不哥再次向忽必烈投降，持续了四年之久的夺位大战终于落下了帷幕。阿里不哥毕竟还是自己一母所出的亲弟弟，为了笼络人心，忽必烈没有处决阿里不哥（但他还是作为重要的俘虏被囚禁，直至1266年去世），而他的主要追随者，大多未能逃脱被处死的命运。对于忽必烈来说，最终成为真龙天子是值得庆贺的，然而为此付出的代价，其中之一当然是手足相残、兄弟反目，相信父亲拖雷、母亲唆鲁禾帖尼看到这样的局面都会无比痛心。同时，忽必烈虽然取得了胜利，可是从前强盛的蒙古汗国却随之分裂而不复存在了。从此，钦察汗国、伊尔汗国、察合台汗国、窝阔台汗国成了表面上尊奉蒙古汗国（元朝）皇帝为共主，实际上却是割据一方，互不统属的四个汗国，逐渐走上了独立发展之路。

忽必烈的皇位总算是坐稳了，接下来，他的目标主要有两个：一是加强政权建设，以巩固对已控制区域的统治；另一个就是把消亡南宋的计划再次摆上了议事日程。对于前者，忽必烈即位之初就已经开始，而后者，则因蒙哥大汗魂断钓鱼城而搁置。在政权建设方面，蒙古汗国，乃至大元帝国，都经历了一个逐步完善的过程。成吉思汗建立蒙古汗国之初，设立的官制非常简单，常常出现各个部门之间权责不明的情况。到后来，随着占领的土地面积不断增加，这种简单的官制渐渐不能适应当时的统治需要了。同时，随着占领中原步伐的不断加快，蒙古统治者与汉族人民的接触不断增多，受到汉族文化的影响也不断加深。窝阔台即位之后，就设立了中书省，并让耶律楚材（1190～1244，原为契丹人，蒙古汗国的重臣，杰出的政治家）担任中书令。但是这在当时，看似仿照汉制的官制，在很大程度上只不过是借用了"中书省"的名号而已，与真正的汉化还有很长的距离。

忽必烈即位之后，就着手改善前朝遗留下来的种种弊端。此时，他身边的那一群汉儒谋士再一次找到了用武之地，其实应该说是那些人一直都在潜移默化中给忽必烈施加着各种影响，而这种影响通过忽必烈的一系列政策得到了很好的体现，这也使得忽必烈的中原正统王朝的梦想越来越明晰了。根据王文统、刘秉忠、许衡等人的建议，忽必烈对中书省进行了整改，将唐、宋以来的礼、户、吏三部合为一部，称之为左三部；将兵、刑、工三部合为一部，称之为右三部。左、右三部统归中书省管辖，是为蒙元中央政府的最高行政机关，而三省之门下、尚书两省则不再沿用。这样一来，隋代草创，唐代继承并予以完善的三省六部制，到此时被忽必烈巧妙而加以扬弃地利用了。

忽必烈另外一个值得称道的政绩就是他对中国地方行政建制的贡献，即行省的创制。中统、至元年间，他在全国设置了陕西、甘肃、四川、云南等十个行中书省，简称行省。行省仿中书省的建制，置丞相、平章、左右丞、参知政事等职。在行省之下，还有路、府、州、县等建制。因此，行省成了地方最高一级行政机构。

在中国行政机构建制沿革史上，元朝行省制的创建具有划时代的意义。自秦始皇建立郡县制以来，封建政权对全国的统治是通过中央（皇帝）—郡—县的模式来完成的，郡、县的长官由皇帝直接任命，形成了一种直线行政，而行省制的建立则改变了这种行政模式，行省作为中书省的派出机构（行省后来逐渐演变成了地方最高一级行政机构，但还是不可避免地带有中书省派出机构的某些特征），主要是对中书省负责，从而构成了一种分区行政。行省制下，蒙古（元朝）省级行政机构的设置具有"犬牙交错"的特点，自然环境差异极大的几个地区被并到同一个行省之下，这样的设计，在当时来说，加强中央集权的目的是显而易见的。蒙元时代的行省制对我们今天的行政机构的建制仍然具有深刻的影响，而忽必烈对此所作的贡献是不可忽视的。

此外，忽必烈政权建设的内容还包括对蒙古汗国军政制度的改革等。通过这一系列的改革，忽必烈统治下的蒙古汗国越来越强大了，因此灭亡南宋的行动再次开始了。1264年，蒙宋虎啸山（今四川广安东）之战，蒙军取得了以少胜多的战绩，宋军则一败涂地。从此，蒙古人在蒙宋战争中处于更为有利的地位。

既然如今的忽必烈已今非昔比，成了整个蒙古汗国的最高主宰者，那么，对于曾为自己传授灌顶、讲授佛法，在自己最困难的时刻始终不离不弃，并且用自己特有的方式为自己祈福求平安的上师八思巴，他是无论如何也不会怠慢的，更何况这还是一位学识渊博、聪慧过人，并且在吐蕃地区有着举足轻重地位的萨迦派的教主。于是，成就八思巴辉煌的重大时刻到来了。

八、统领天下佛教

在拉萨市罗布林卡东南角的西藏博物馆里，陈列着一件堪称国宝的文物，那就是一方玉质的印玺，它静静地躺在那里，悄无声息。然而，就是在这方象征权力的玉玺的背后，隐藏着一段意味深长的真实历史。元世祖中统元年（1260）十二月的一天，在开平府的皇宫里发生了一件意义重大、影响深远的事。尽管整个汗国还笼罩在汗位正统之争的战争阴云中，并没有实现真正的太平，但却没有影响到整个皇宫庄严肃穆的气氛。薛禅汗忽必烈将一方玉质的印玺赐给了上师八思巴。这方印玺，正是几百年以后陈列在西藏博物馆里的那一件极其珍贵的国宝。同样，也是这方印玺，标志着八思巴的人生又站到了另一个起点之上，那就是成为统领天下佛教的国师。这一年，八思巴二十六岁。

国师，是中国历代封建帝王赐于佛教徒中一些德才兼备的高僧的称号，意即"举国皈依"，为国人师。封八思巴为国师这一做法，其实并不是忽必烈的创举，而是对历史传统的一种承袭。中国第一位获封国师称号的高僧，一般认为是北齐时代的法常。据记载，北齐天保元年（550），文宣帝诏令佛教高僧法常入宫讲授《涅槃经》，并尊为国师，国师之名由此开始。从那以后，历代都有关于国师的记载，譬如唐代神秀曾历任武曌、中宗、睿宗、玄宗四朝国师。宋、辽、金、西夏等时期也都有关于佛教高僧受封为国师的记载。不过总体上而言，元代以前的国师，其职责一般仅限于宗教领域，象征意义更为明显，因为统治者不仅需要依靠强大的国家机器来维持自己的统治，同时，在他们看来，从精神上控制臣民也是十分必要的，所以扶持一位宗教界人士就显得很有必要了。然而这一条用在八思巴身上却不完全合适，因为尽管忽必烈册封八思巴为国师，在一定程度上也是其实施精神控制的措施之一，但是八思巴所充当的角色却不仅仅是蒙古汗国的精神支柱，他还是忽必烈的高级幕僚。作为国师，八思巴的职责主要是为帝后及其皇室成员传法授戒、传授灌顶；为国家强盛、社稷稳定告天祈福；为皇室培养并推荐佛教人才；统领全国的佛教僧人；管理吐蕃地方的行政。可以想象，作为忽必烈十分倚重的国师，八思巴对蒙元中央政府的大政方针，尤其是在对吐蕃地方的施政等方面，有着非常重大的影响力。

八思巴已经是统领天下佛教的国师了，不过国师到底是怎样统领全国的佛教僧人的，我们如今已不能有一个比较清晰的认识了，但当时全国的佛教宗派到底有多少，我们还是可以作一个大致的交代的。佛教传入中原之后，由于对佛教经典理解的差异，逐渐形成了十三个不同的宗派，它们分别是华严宗、净土宗、天台宗、禅宗、法相宗、律宗、毗昙宗、成实宗、涅槃宗、地论宗、摄论宗、三论宗、密宗。其中，华严宗因以《华严经》为其根本典籍，故名。又被称为贤首宗、法界宗、圆明具德宗。本宗将唐朝杜顺视为初祖，以"法界缘起思想"为宗旨，认为宇宙万法、有为无为、色心缘起时，互相依持，相即相入，圆融无碍，并提出四法界、六相、十玄等法门。净土宗因专修往生阿弥陀佛极乐净土的念佛法门，故名。又称莲宗、念佛宗。本宗尊慧远、善导、承远、法照、少康、延寿、省常、袾宏、智旭、行策、实贤、际醒为莲宗十二祖，主要经典起初为《无量寿经》《观无量寿经》《阿弥陀佛经》和《往生论》，后来增加《普贤行愿品》和《大势至菩萨念佛圆通章》，共五经一论。天台宗因其创始人智颛常住天台山（位于今浙江天台境内）而得名。又作法华宗、天台法华宗、台宗、圆宗、台家。天台宗是中国佛家创立最早的一个宗派，以《妙法莲华经》为基本经典，以实相、止观为主要思想，主要理论包括十如是、一念三千、一心三观等。本宗理论体系相对较完备，因此后来的宗派多受其影响。禅宗因主张修习禅定，故名。又有佛心宗、达摩宗、无门宗等别称。本宗尊菩提达摩为初祖，主张心性本净、佛性本有，见性成佛，提出二入四行理论（二入指理入和行入，四行指抱怨行、随缘行、无所求行和称法行）。主要经典包括《楞伽经》《金刚经》和《六祖坛经》等。禅宗是中国佛教各宗派中流传最广、影响最大的一支，它发展形成了"五家七宗"。此外，闻名遐迩的少林寺以及其习武僧人组织，直到现在仍然披着一层神秘的面纱，而禅宗，也因此变得更加闻名海内。

如今，八思巴站在通往国师这条路的尽头之处，撷取了代表荣耀和希望的玉质印玺，他终于实现了自己人生的重大跨越，只不过这一路走得那么艰辛、曲折。为了这一天，他不仅要刻苦钻研佛法以提高自己的佛学修养，还要时刻承受政治局势瞬息万变所带来的巨大心理压力。此外，自从1244年离开萨迦之后，八思巴已经背井离乡很多年了。是时候了，游子应该回家了。

第4章

大元帝师

　　八思巴成为国师后，忽必烈又赐予其相当于授权书性质的《珍珠诏书》，命其返回吐蕃建立西藏的行政体制。经过几年的努力，八思巴将乌思藏地区的臣民划分为拉德与米德，并在此基础上划分了相当于元朝在乌思藏地区一级的行政机构十三万户，与此同时还设立了本钦、朗钦等官职，并设立了十三拉章负责具体事务。从此，吐蕃地区进入了辉煌的萨迦时代。在建立行政体制的同时，八思巴还利用空闲时间致力于文字创制工作，最终使"八思巴字"创制成功。八思巴也被晋升为"皇天之下，一人之上"的大元帝师。

一、《珍珠诏书》

　　1264年，忽必烈终于彻底打败了阿里不哥，他的大汗之位几乎可以不受任何人的威胁了，所以他有更加足够的时间和充沛的精力来进一步完善整个王朝的政权建设。既然已拥有这大好的中原河山，那么就应当好好治理这天下。然而，当初在马背上打下来的天下，如今则万万不能仍然停留在马背上，这个道理，忽必烈是懂的。所以，当年在潜邸期间，忽必烈就已经开始为蒙古汗国的将来考虑，并且已经付诸实践了。早在总领漠南军民庶务的时候，他就和他的汉儒谋士们一道，在陕西、河南等地开始局部地区政权建设的实践了，当然其内容是仿效汉法，就像他的汉族谋士许衡在其《时务五事疏》中所说的那样：但凡建立国家，都有一个总体构想，且只有严格按照这个构想来治理国家，才能赢得太平盛世，自古以来，莫不如此。考据前代，北方民族入主中原，必须实行汉法，才能实现长治久安，鲜卑立魏，契丹兴辽，女真创金，莫不如是。而相反地，其他没有采用汉法的政权，大多都免不了享祚无长的命运。如果仅仅是统治北方大漠，当然不必多言，但若要据有四海，掌控八荒，不仿效汉法，那是无论如何都行不通的。所以，以汉法的思路建构政权体系最终用以支撑其整个蒙古汗国的大厦，已经是迫在眉睫的事情了，忽必烈显然看到了这一点。因此，忽必烈在即位之初便开始在整个汗国的政权建设中加以实践。

接下来，他开始具体考虑对吐蕃地区的施政方略了。蒙哥大汗成为蒙古大汗之后，对吐蕃地区的管理采取了裂土分封的办法，将吐蕃地区分封给自己的宗亲，利用吐蕃教派林立的形势，加强对各教派的扶持，从而形成了蒙古汗国对吐蕃地区的管理体制。然而，分封制自实施以来就遭到了不少人的反对，它的弊端也是显而易见的。秦王横扫六合以后，在关于整个秦王朝的行政体制这个问题上，他曾召集大臣讨论，丞相王绾与廷尉李斯为此发生了激烈的争辩，最后秦始皇采纳了李斯的建议，在全国实行郡县制，一改前朝之"封建亲戚"的做法。

从此，尽管分封还在一定范围内与郡县制共同存在，但辉煌早已不复，而郡县制作为君主专制的中央集权体制的有机组成部分，越来越彰显其有益于世的价值。显然，有汉儒谋士常伴左右的忽必烈自然对此是有所了解的。吐蕃本来就已经四分五裂了，如果再沿着裂土分封的老路走下去，吐蕃之地甚至自己此时所实际控制的整个大汗国，也许就会成为下一个钦察、察合台、伊尔汗、窝阔台等无数个汗国，这种情景，忽必烈是无论如何也不愿意看到的。如今，忽必烈实权在握，天下几近太平，所以，变革吐蕃之地行政体制的时机似乎已经成熟。不过吐蕃地广而人稀，若直接委派官吏，恐怕心有余而力不足，这实在是一个棘手的问题。通过扶持藏传佛教的领袖人物以统治吐蕃，也许在当时是最明智的选择。事实上，自1247年以来，蒙古对吐蕃地区的管理就是采用通过扶持吐蕃地区的政治代表人物的方式实现的，阔端如此，蒙哥大汗亦如是。此时，博学、忠诚，极具远见卓识，同时有政治资本——统领一个强大的萨迦政教势力集团的藏族喇嘛八思巴确实是担当此重任的不二人选。于是，历史的重任落到了年轻的八思巴身上，而这就注定了必将是一项彪炳史册、名留青史的伟大荣耀。

按照忽必烈的安排，八思巴得以和胞弟恰那多吉返回萨迦。他们此次返藏的具体任务就是要建立西藏地方的行政体制，以使四分五裂的吐蕃之地完全纳入蒙元帝国的管辖范围内，也好使饱尝分散离乱之苦的藏地人民更加明晰地感受到太平治世的无限荣光。为了给八思巴减少阻碍，使其更好地开展工作，忽必烈赐给他一份酷似授权令的诏书，这就是历史上著名的《珍珠诏书》，现全文引用如下：

长生天气力里，大福荫护助里，

皇帝圣旨，

晓谕众僧人及俗民等：

此世间之完满，是由成吉思汗之法度而生，后世之福德，须依佛法而积聚。明察于此，即可对释迦牟尼之道生起正见。朕善知此意，已向明白无误之上师八思巴请授灌顶，封彼为国师，任命其为所有僧众之统领。上师亦已对敬奉佛法、管理僧众、讲经、听法、修习等项明降法旨。僧人们不可违了上师之法旨，佛教最根本的是善于讲论佛法，年轻心诚者学法，懂得教法而不能讲经听法者可依律修习。如此行事，方合乎佛陀之教法，亦合乎朕担任施主、敬奉三宝之意愿。汝僧人们如不依律讲经、听法、修习，则佛法何在？佛陀曾谓："吾之教法犹如兽王狮子，体内不生损害，外敌不能毁坏。"朕驻于宽阔大道之上，对遵依朕之圣旨，善知教法之僧人，不分教派一律尊重服事。如此，对依律而行的僧人，不论军官、军人、守城官、达鲁花赤、金字使者皆不准欺凌，不准摊派兵差、赋税和劳役，使彼等遵照释迦牟尼之教法，为朕告天祝祷。并已颁发圣旨使彼等收执。僧人佛殿及僧舍，金字使者不可住宿，不可索取饮食及乌拉差役。寺庙所有之土地、河流和水磨等，无论如何不可夺占、收取，不可强迫售卖。僧人们亦不可因有了圣旨而做出违背释迦牟尼教律之事。朕之诏书于鼠年夏五月一日在上都写就。

忽必烈在《珍珠诏书》中主要表达了这么几层意思：强调佛法的重要性；告诫僧众须依律修行；强调僧众不得违背

上师（八思巴）的法旨；优待遵循教法之僧众。这份《珍珠诏书》，不管是对萨迦派，还是对八思巴本人，都是极具深意的。它意味着蒙元中央政府以官方文件的形式正式确立了萨迦派和八思巴本人在吐蕃地区的领导地位，正如王启龙先生在他的《八思巴评传》中所言："而现在忽必烈作为一代君王，授予八思巴《珍珠诏书》，其性质是截然不同的，它将八思巴置于所有教派和地方领主之上的总的领导者地位，要求西藏僧俗人众通通遵从八思巴的管理。可见它实质上是一份委任状或授权书。"因此，这份意义重大的《珍珠诏书》，被萨迦家族看得很重，多年以后，阿旺·贡噶索南在撰写《萨迦世系史》的时候，就曾将其与藏历第四饶迥阳木虎年（1254）蒙古统治者所赐给的《优礼僧人诏书》相提并论，一起写进了自己的著作之中。继忽必烈之后，大元帝国新即位的每一位皇帝都会赐给帝师以《珍珠诏书》，从而使其成为一种定制，而这些《珍珠诏书》也成为元朝中央政府授予历任帝师权力的具有代表意义的文书之一。

藏历第四饶迥阳木鼠年（1264）五月，八思巴手捧《珍珠诏书》，带着忽必烈对自己的满腔信任和深深嘱托，与胞弟恰那多吉一道踏上了返回故乡的征程。在他们身后，是随风扬起的滚滚烟尘。

二、萨迦时代

对于八思巴兄弟俩来说，此次返回萨迦无疑是有衣锦还乡的味道，八思巴成了尊贵的国师，恰那多吉也被忽必烈封为白兰王，配享金印，此外忽必烈还任命其为蕃地三区法官。八思巴的内心无法不起波澜，阔别了整整二十年的故乡，如今就要回去了，谁能完全无动于衷呢？更何况，还满载着荣耀与希望。

第二年藏历新年之际，他们抵达了拉萨大昭寺，所花费的时间加起来还不到一年。想当年，上师带着年幼的八思巴兄弟俩前往汉地，从1244年一直到1246年，耗费了两年时间才到达凉州，如此看来，真是今非昔比呀。或许，人逢喜事，归心似箭；或许，八思巴不想耽误忽必烈的大事，所以快马加鞭；又或许是新建成的驿站为八思巴一行提供了很大的便利，使他们得以在如此短暂的时间内顺利抵藏。八思巴兄弟俩到藏后，受到了藏地大多数僧俗人众的热烈欢迎，毕竟八思巴的地位更加与众不同了。而对于萨迦派的人来说，他们更是以最隆重的礼节欢迎两位英雄凯旋。的确，当八思巴到达萨迦地方时，萨迦寺举行了盛大的欢迎仪式。八思巴和恰那多吉并肩走向欢迎的人群，他们前面是由五僧五俗组成的前导仪仗队，道路两旁是夹道欢迎的僧俗群众。地上焚烧着炭木，寺顶平台上的喇嘛乐队吹响了法螺和长号。手捧哈达的政教代表守候在寺门口。此时此刻，他们难掩心中的激动，同时感到无比荣耀。八思巴和恰那多吉经过这里，他们将洁白的哈达献给这两位凯旋的英雄，以表达他们内心的崇敬之情。

终于回来了，这儿时生活过的地方，又闻到了那熟悉的泥土的味道，仲曲河的水还是一如既往地奔流不息，天还是那么蓝，云还是那么白；萨迦寺还是屹立在那里，只不过，它的外表看起来更加富丽堂皇了，周围的建筑也变多了，这里很快就要变得更加热闹非凡了。然而，曾经熟悉的人却不在了，从前萨班研习佛法的房门此时却被紧紧地锁着，但是怎么也锁不住八思巴对上师的全部回忆和深深的怀念。

八思巴安顿下来后，立即将建立西藏地方行政体制的大事排上了议事日程。八思巴首先做的是划分拉德和米德，前提是调查吐蕃地区的户口，也就是前文所述的扩户。这一次，忽必烈派阿衮、弥林等官员前往藏地，会同萨迦本钦释迦桑波进行精确的人口调查，以便弄清乌思藏的人口数量和资源状况。正是在这次扩户的基础上，八思巴划分拉德和米德的工作才得以顺利展开。拉德，简单来说就是佛教寺院和宗教领袖所领属的民户，人身权依附于寺院及其领主，世世代代要承担供养僧人和寺院的义务。米德是世俗封建领主所领属的民户，其人身权世代依附于封建领主。拉德与米德一样都属于农奴阶级，都要受到其各自所属领主的剥削和压迫。但不同的是，拉德是属于寺院所管辖的民户，而米德则是属于世俗封建领主所管辖的民户；拉德主要承担对寺院和僧人的供养义务，而米德除了供养其所属的世俗封建领主以外，还要为蒙元政府承担为支应驿站等劳役和缴纳税赋，因此国家对米德也拥有一定的管辖权。米德为国家承担的这种劳役，称为"乌拉"。米德和拉德与各级僧俗封建领主一道，构成了当时乌思藏地区封建农奴制度的两大对立阶级，即封建领主阶级与农奴阶级。封建农奴制是封建领主在其领地上建立起来的剥削奴役农奴的经济制度。在这种制度下，少数封建领主或农奴主占有土地、山林、草原和河流等绝大部分生产资料，农奴从农奴主手中分得一块份地，但他们必须耕种领主土地，服劳役，并上缴大部分劳动产品。封建农奴制最基本的特征就是农奴对农奴主具有较强的人身依附性，正是这一特点决定了其与奴隶制的区别。在奴隶制下，奴隶对奴隶主的人身依附性更强。同样，也正是封建农奴制的这一特点，决定了它与封建土地所有制也是有所不同的。本质上，两者都是一样的，即地主（封建领主）占有大量土地并以此为条件来实现对农民（农奴）的超经济剥削。只不过，或许由于西藏地区的社会生产力水平相对较低，因此与汉地的封建土地所有制存在一定的差异，或者说封建农奴制是封建土地所有制的一种变异形式。在封建农奴制下，农奴对封建领主所承担的地租形式主要是劳役地租，然后才是实物地租和货币地租。典型的封建农奴制产生于中世纪的欧洲，直到19世纪，俄国仍然保留着封建农奴制。中国是否存在封建农奴制阶段，学术界尚有争议，但一般的看法是，西藏地区是存在过封建农奴制的，并且最具有典型性。西藏地区的封建农奴制可以划分为四个阶段，即萌芽和形成、确立、兴盛、解体。其中，蒙元中央政府在西藏建立行政体制期间最终确立了僧俗农奴主对土地及其属民占有的封建农奴制度，而八思巴划分拉德和米德的活动不能不说对封建农奴制的最终确立是起到了促进作用。

拉德和米德划分完毕之后，八思巴进行的下一步工作就是划分十三万户。根据学者们的研究，部分万户早在八思巴划分十三万户之前就已经形成，或者说是其在事实上已经具备成为万户的条件，他们或许也参加了协助阿衮、弥林等人清查乌思藏人口的工作，只不过到1268年，十三万户才正式得以划分。十三万户的划分是有一定的依据和标准的，在乌思藏调查人口的目的之一，就是进一步弄清楚这两个地区的势力集团及其实权人物。这种集团包括了政、教两方面的势力，于是在八思巴所划分的十三个万户中，最终包括了两种类型，即以宗教势力为主的和以世俗势力为主的。前者有帕竹、夏鲁、蔡巴、雅桑等，后者有拉堆绛、拉堆洛、曲弥、羊卓、绛卓、止贡、甲玛、嘉域、达垅等。汉、藏文史籍对十三万户的记载较为分散，且语焉不详，相互之间又多有抵牾，所以时至今日，我们仍只能根据史籍的记载了解每个万户所管辖的大致范围而无法得见其具体情况，关于十三万户府的具体地理位置，除了部分可以明确到具体地点之外，还有很多只能知晓其具体所属的县（市），这不能不算是一个遗憾。关于十三万户的性质，一般的看法是，它是元代西藏地方的一级行政机构。而在地方上，元朝对乌思藏地区的管理体系是宣慰司—万户—千户—百户—五十户—十户。从此，乌思藏十三万户与纳里速古鲁孙元帅府一道，统归乌思藏纳里速古鲁孙三路宣慰使司都元帅府管辖，以此构成了元朝对西藏地区地方一级完整的行政管理体系。值得一提的是，万户实际上是一个浮动的数字，并不是真有"万户"，而且各个万户之间的户数也比较悬殊。在蒙元统治的百年间，十三万户的力量也相应发生了一些变化，有的万户强大了，有的万户则被其他万户代替了。但不管怎么样，十三万户的正式划分，在某种角度上意味着蒙元中央政府对西藏地区的控制达到了前所未有的程度，同时也在某种程度上表明萨迦派从此真正获得了相较其他政教势力更崇高的政治地位。

如果说十三万户的正式划分意味着乌思藏地区各大政教势力集团间暂时形成了一种相对平衡的均势的话，那么这种均势也是以存在一个相对居于主导地位的政治势力为前提的，而这个政治势力就是以八思巴为领袖人物的萨迦政教势力集团。

1265年，对于萨迦家族来说是非常具有象征意义的一年，因为这一年，八思巴着手开始建立西藏的行政体制，因此按照一般的说法，1265年是萨迦地方政权建立的标志性时间。在萨班、八思巴等人的不懈努力下，萨迦派正式取得了至少在表面上看来高于其他各教派的包括政治特权在内的很多权力，这一点是毋庸置疑的。所以接下来的事，应该是完善萨迦内部的机构设置，以便适应政治形势的改变。

八思巴为了适应这种形势的改变，设置了本钦和朗钦两种很重要的官职。本钦，意为大官，又称为萨迦本钦，是乌思藏地区萨迦地方政权的行政首领。至元四年（1267），经过八思巴的举荐，忽必烈任命释迦桑波为首任萨迦本钦，同时封他为"三路军民万户"，并赐给印章，第一任萨迦本钦由此诞生。从此，本钦就成为萨迦地方政权的最高行政长官。本钦都是由国师（八思巴以后是帝师）举荐，然后由皇帝加以任命。从历任本钦担任者来看，他们几乎出自萨迦款氏家族，或者是与其有着非常密切关系的人。因此，他们一定是代表萨迦派的利益，一定要为萨迦款氏家族服务，否则后果是很严重的。萨迦本钦的主要职责是代表蒙元中央政府具体对乌思藏地区实施行政管理，因此萨迦本钦不仅是萨迦地方政权的最高行政长官，同时还是蒙元中央政府在西藏派出机关的行政官员，而这两种身份经常是合二为一的。有元一代，历任萨迦本钦共二十七任，二十四人，其中三人重任。历任萨迦本钦为：释迦桑波、贡噶桑波、旺尊·秀波岗噶哇、绛曲仁钦（简称强仁）、贡噶宣努、宣努旺秋、绛曲多吉（简称强多）、阿迦仑扎西（《汉藏史集》中记为宣努旺秋，重任）、勒巴贝、僧格贝、俄色僧格、贡噶仁钦（简称贡仁）、顿月贝、云尊扎巴达、俄色僧格

（重任）、甲哇桑布、旺秋贝、索南贝、甲哇桑布（重任）、旺秋尊追（简称旺尊）、南喀丹巴、扎巴坚赞、洛追坚赞、贝本·扎巴旺秋。

朗钦是八思巴所设置的另一种官职，意为内务大管事，其职责主要是负责签署文件、发布命令等。朗钦之下，各万户、千户设有朗索一职，由此从上而下构成了一个完整的系统。除此之外，为了便于施行自己的政教权力，八思巴专门设置了由十三种侍从官组成称为拉章（又叫"喇让"，原指西藏宗教领袖的住所，后来演变为宗教领袖办理政教事务的机构）的机构。其中，十三种侍从官分别为索本、森本、却本、司宾、仲译、佐本、塔本、真本、丹本、迦本、达本、作本、其本。其中，索本是负责管理八思巴饮食的官员；森本是负责管理其起居的官员；却本是负责管理其宗教活动的官员；司宾是负责招待的官员；仲译是主管文书信函的官员；佐本，又叫司库，是负责管理财务的官员；塔本，又叫司厨，是负责管理厨房事务的官员；真本，又叫引见官，是负责引见的官员；丹本，又叫掌营帐官，是负责安排座次的官员；迦本，又叫掌鞍具官，是负责管理驮畜和搬迁的官员；达本，即马师和种马管理员，是负责管理乘骑的官员；作本，又叫掌牛官，是负责管理犏牛和奶牛的官员；其本，又叫掌犬官，是负责管狗的官员。八思巴通过设置由十三种侍从官组成的拉章，很快适应了新形势，实现了对乌思藏地区的有效管理。

当然，乌思藏地区各方势力的均衡状态只是暂时的、相对的，或者说，看似稳定的乌思藏政局其实早已暗流涌动，危机丛生。八思巴在划分十三万户的管辖区域时，尽管他已经尽量照顾到了各方利益，但不服气的仍然大有人在，只不过萨迦派当时具有绝对的政治优势，同时八思巴以其自身的人格魅力使很多人为之折服，或者说当时各政教势力集团还是很忌惮萨迦派的靠山——蒙元中央政府的，所以这种矛盾暂时被掩盖在蒙元帝国四海来归的一片升平气象之中。一旦帝国的元气大伤，萨迦的辉煌不再，这种暂时的平静就会被打破。到了那一天，也许乌思藏政局将会面临一场彻底的大洗牌。

然而此时，每一个萨迦人正陶醉在与众不同、今非昔比的辉煌之中，这是切切实实存在着的。不管怎么样，一个无比辉煌的萨迦时代已经来临，而这个时代，注定要在西藏历史甚至整个大元帝国的历史上刻下深深的印记。

三、八思巴字：元帝国的"国字"

此次返藏，除了要完成建立西藏行政体制的任务之外，八思巴还肩负着另外一项重大的任务，那就是为新兴的大元帝国（严格来讲，"大元"的称号是1271年之后才正式形成的）创制一种新型的文字，这种文字后来被称为"八思巴蒙古新字"，通常又被人们叫作"八思巴字"。可见，身为国师的八思巴，不仅需要"统领天下佛教"，同时还要为完成建立西藏行政体制的重任而奔波劳累，而且还需要为创制大元帝国的"国字"而冥思苦想，甚至夜以继日、辗转难眠。到1269年八思巴自萨迦返京时，经过数年的努力，"八思巴字"终于创制成功了。八思巴本人，也因此晋升帝师之位（造字有功是其晋升帝师的重要原因，但不是唯一原因）。

八思巴字属于以音素为表音单位的拼音文字，由于其字母体形多呈方形，所以又称为"方体字"。八思巴字主要由脱胎于藏文字母的四十一个字母组成，并带有部分梵文字母，此外还包括几个新造字母。但是无论拼写什么语言，其字母都是以藏文三十个辅音字母和四个元音为基础酌情增减的，因此它实际上是一套灵活多变的标音符号。也正因为如此，八思巴字被称为古代的"国际音标"和"世界语"。随着实际运用的需要，最初的四十一个字母陆续有所增补，据现存资料显示，字母总数达到了五十七个。八思巴字不仅在构词法上重点借鉴藏文字母，其拼音方法也是以藏文为基础的。八思巴字的拼写法有两种，一种是语音学原则，一种是传统原则。换句话说，就是一种是按口语语音拼写，如拼写蒙古语和汉语；一种是按照所拼写语言的书面形式转写，如拼写藏语和梵语。八思巴字的字母体式有楷体、篆体和双钩体，但以前两种为常见。篆体是在楷体的基础上形成的，其笔画与相应的楷体字母存在一定关系，但结构相对楷体更为复杂。八思巴字的行款是从左往右、由上而下书写，这与藏文的左起横写以及古汉语的右起竖写都存在差别。八思巴字的书写单位与藏文相同，以音节为书写单位，而与回鹘（回纥）式蒙古文不同。由于书写单位是音节，又不使用标点符号，所以阅读时，词与词之间的界限以及句子之间的界限只能依靠上下文义判读，比如以八思巴字拼写汉语时不标声调，所以必须与汉字原文对照，否则就很难确定书写单位所代表的汉字。

作为大元帝国的"国字"，有元一代，八思巴字被蒙元中央政府以行政命令强制推广，因此从目前所发现的资料来看，八思巴字主要应用在诏旨、公文、官印、钱币、碑刻、牌符、文书等各个方面。总的来说，八思巴字的应用范围主要是与官府有关的各个领域。

八思巴为什么要创制"蒙古八思巴字",或者说忽必烈是出于什么样的目的要求国师,也就是他的上师八思巴去创制这么一种新型的文字呢?根据陈庆英先生和王启龙先生等人的研究,经过数次战争,蒙古汗国的疆域日益扩大,为了更为方便地管理其境内的曾使用不同语言文字的各个民族,统一文字显得尤为必要并且迫在眉睫。但是,当时蒙古尚与南宋处于势如水火的对峙状态,尽管忽必烈主张学习汉法,变通祖述,但此时为了向南宋及西方诸汗显示蒙古汗国的崇高地位,在文字上就需要创制一种既与蒙古汗国以前所使用的文字不同,同时也与南宋王朝所使用的汉字相异的新型文字。于是,八思巴字也就应运而生了。这么做,可以说是完全有必要的,作为一个富有四海且渴望成为"中国正统"的"中国之帝",忽必烈或许很早就意识到了实现文化大一统在实现国家大一统上的重要意义,尤其是这个国家的臣民中还有很多人是来自不同的民族和不同的已经灭亡的国家。如此,嬴秦的"书同文"与刘汉的"独尊儒术",在我们今天看来,的确对整个中华民族的最终形成作出了不可磨灭的贡献。同时,为何只有中华文化历经数千年风霜而能绵延至今?这与以秦皇汉武等为代表的历代封建统治者的治国之策有没有某种必然的关系?这样看来,创制一种新型的文字的确是很有必要的,因为文字是文化赖以存在和发展的重要载体,如果要实现思想文化的统一,继而实现国家的大一统,很显然,实现文字的统一是其中十分重要的一个环节。那么,创制一种新型文字以统一文字的重任为什么就落到了八思巴的肩上了呢?因为博学的八思巴很受忽必烈的尊崇和重视,所以这个重任让八思巴来承担更合适。就像王启龙先生所说的那样,一方面,忽必烈此时已对藏传佛教十分崇拜,而他对上师八思巴更是尊崇有加，从宗教感情上来说，忽必烈必然会想到八思巴；另一方面，八思巴本人博学多才，又在蒙古宫廷生活多年，深谙蒙古语言，加上他又是萨班的入室弟子外加亲侄儿，因此或多或少会对萨班当年改造蒙古旧字的活动（萨班滞留凉州期间，为了传播藏传佛教之便利，曾在阔端的建议下对蒙古旧字有所改进，但"时机未至，未获机缘"，最终没能创制出一种新型文字）有所了解。因此，不管是从客观方面还是从主观方面来说，八思巴都是最佳人选。在这里额外提及一下，蒙古人在建国前，由于经济文化发展滞后等原因，是没有文字的，因此他们与其他很多民族一样，都是依靠刻木结绳的方式记事。直到1204年，成吉思汗灭乃蛮部时，俘获了当时为太阳汗掌印的畏兀儿人塔塔统阿，才知出纳钱谷、委人以印的重要性，于是下令：凡有制旨，必用"印章"，并委任其掌管印章。后来，随着蒙古汗国的日益强大，军政事务日益增多，成吉思汗深感没有文字对于管理大小军政事务的不便，于是令塔塔统阿教授太子诸王以畏兀儿字书写国言（蒙古语），有人称之为"蒙古旧字"。这是一种以回鹘文字母为基础的蒙古拼音文字，并且行款是从左往右、由上至下书写，因此现在也称其为"回鹘式蒙古文"。不过，这种文字还不能算作一种真正意义上的文字创造，至少与后来八思巴所创制的文字比起来，这种文字还是显得非常的"草创"与不足，再加上当时连年征战的动荡环境，蒙古的贵族青年们根本无法静下心来学习文字，更谈不上举国士人普遍学习，所以这种没有群众基础的文字注定无法广泛推行。

总算数年的努力没有白费，八思巴字终于创制成功了，可以说是了却了忽必烈的一桩心愿。为了将这件大事诏告天下，略显激动的忽必烈于至元六年（1269）二月下诏将其颁行天下：

> 朕唯字以书言，言以纪事，此古今之通制。我国家肇基朔方，俗尚简古，未制作，凡施用文字，因用汉楷及畏吾字，以达本朝之言。考诸辽、金，以及遐方诸国，例各有字，今文治浸兴而字书有缺，于一代制度，实为未备。故特命国师八思巴创为蒙古新字，译写一切文字，期于顺言达事而已。自今以往，凡有玺书颁降者，并用蒙古新字，仍各以其国字副之。

或许任何事物都逃不了盛极而衰的宿命，随着元帝国的土崩瓦解，如日中天的八思巴字也没能摆脱厄运，失去了元帝国这个强大的后盾，一瞬间失去了"国字"的地位，而随着岁月的流逝，渐渐地，它遗落在历史的某个角落了。不过，八思巴字失去"国字"地位进而逐渐退出历史舞台的原因当然远不止这么一个，其中最根本的原因当然还在于八思巴字本身，换句话说，八思巴字本身的一些不足是导致其未能流传于世的根本原因。譬如，八思巴字的书写单位是音节，这种书写单位与蒙古人从前所使用的回鹘式蒙古文存在较大差异，并且还不使用标点符号，所以特别是对于蒙古人来说，阅读起来存在较大的困难。另外，八思巴字拼写汉语时不标声调，如果原文没有汉字对照，或者缺乏上下文时，就很难确定书写单位所代表的汉字。可以说，这是八思巴创制八思巴字最大的两个不足之处。此外，整个元帝国所统治的人口和民族中，汉人是占到了多数的，如果要统治这样一个以汉人占多数的国家，那就一定要考虑到他们的需求。然而，八思巴忽视了这两个十分重要的因素，至于具体原因，我们不得而知，但是不管怎样，八思巴字昔日的无限辉煌注定要在此时戛然而止。

有趣的是，当八思巴字不可避免地逐渐退出历史舞台的时候，回鹘式蒙古文开始时来运转了，被迫"隐退"的它又开始被蒙古人广泛使用了，并且到了17世纪，回鹘式蒙古文逐渐发展成为两支：一支是仅在卫拉特方言区使用的托忒文（托忒文是1648年由卫拉特僧人那木海扎木苏在蒙古文的基础上改制而成的一种文字。其字母有三十一个，其中七个表示元音，二十四个表示辅音，四个圆唇元音分别用不同的字母表示。在字形和读音上，设置了表示长元音的附加符号，规定了表示长元音的双写形式）；而另一支则是通行于蒙古族大部分地区，也就是现在的蒙古族所普遍使用的文字（这种文字相较回鹘式蒙古文具有如下特点：部分字母的字形、写法都发生了改变，补充了可供拼写借词的字母；拼写规则趋于严密；增加了新式标点符号等）。

但是无论如何，八思巴字的重大贡献是不可忽略的，用王启龙先生的话说，它不仅对元代汉语、藏语和蒙古语的研究具有重要的参考价值，同时，用它记载的各种文献在研究元代历史方面具有重要的史料价值。此外，八思巴字是统一各民族文字字形的首次尝试，也是用音标符号来书写汉文的首次尝试。它是中国古文字学方面的一大发明创造，它的创制和推行为中国古代文化增添了奇异的光彩，而它的创制者——八思巴，不但是政治活动家和宗教教育家，更称得上是中国历史上一位非常杰出的语言文字学家。他的这些光辉业绩，值得我们每一个人永远歌颂！

四、皇天之下，一人之上

当八思巴怀揣耗费了他数年心血的八思巴字来到大都（元帝国的都城，即现今之北京。忽必烈称汗，先以开平为上都，1272年改大都为都城）时，忽必烈以一份在其他人看来极其珍贵的礼物答谢八思巴，这份礼物就是将八思巴由国师晋升为帝师。当然，身为人主的忽必烈绝不可能是仅仅抱着答谢的心态去做这件事的，这里面当然是另有深意的，这乃是忽必烈一系列施政措施中的重要一环。

帝师，如果从其字面意思来看的话，就是"皇帝之师"。设立帝师，古已有之，它一直以来就被君临天下者视为要事而待之，尽管历朝历代所选择的帝师身份有所不同，具体目的也各有侧重，但设立帝师的终极目标却是近乎一致的，那就是为整个王朝的统治服务，正如元代大书法家赵孟頫所书《帝师殿碑》所言："古之君天下者皆有师，唯其道之所存，不以类也。故赵以图澄为师，秦以罗什为师。夫二君之师其人也，以其知足以图国，言足以兴邦，德足以范世，道足以参天地，赞化育，故尊而事之，非以方伎而然也。"

忽必烈设立帝师是有历史根源的，同时也是有着明确目标的。于是，八思巴成了元帝国历史上的第一位帝师，即"皇天之下，大地之上，西天佛子，化身佛陀，创制文字，辅治国政，五明班智达八思巴帝帅"。从他开始，萨迦派的僧人陆续被封为大元帝师。根据王启龙先生的统计，元朝在百余年间先后共设有十六位帝师，他们分别是八思巴（1270～1274）、仁钦坚赞（1274～1279）、达玛巴拉饶克希塔（1279/1282～1286）、益西仁钦（1286～1291）、扎巴俄色（1291～1303）、仁钦坚赞（1304～1305）、多吉贝（不详）、桑结贝（1305～1314）、贡噶罗追坚赞贝桑波（1314～1327）、旺曲坚赞（不详）、贡噶勒贝迥乃坚赞贝桑波（1238～1330）、仁钦扎巴（不详）、贡噶坚赞贝桑波（1331～1358）、索南罗追（1361～1362）、贡噶勒贝罗追坚赞（不详）、南杰贝桑波（不详）。他们均出于萨迦派，除少数代理帝师出身不详外，有七位来自萨迦款氏家族，有四位则是八思巴的弟子，而由弟子担任帝师是在萨迦款氏缺乏男嗣的情况下不得已而为之的。所以，忽必烈设立帝师的本意就是要独倚萨迦款氏家族，希望通过授予萨迦一派以政、教大权，借助其力量"以其俗而柔其人"，实现对乌思藏地区的有效管理。

尽管历朝历代设立帝师的最终目的是基本一致的，但总的来说，元朝的帝师在一定程度上还是有其特殊性的，那就是除了皇帝之老师的身份外，元朝帝师的主要职责还有：为皇帝与皇室其他成员以及百官传授灌顶，带领僧众为皇室举办各种佛事活动，以消灾祛难，乞求平安；统领天下佛教并建寺写经，传授佛法，举荐贤僧；掌管乌思藏事务；等。总之，帝师与国师之间的职责差异并不明显，已经晋升为帝师的八思巴，仍然"统领总制院事"，掌握着举荐总制院（后改为宣政院）院事和藏区行政机构官员的大权。

帝师在元朝的地位是无比崇高的，从某种角度来看，的确称得上是"皇天之下，一人之上"。根据元朝朝仪，正衙朝会，百官班列，帝师抑或专席于坐隅，从皇帝到后妃、百官，无一不对帝师顶礼膜拜，恭敬至极。每逢新任帝师嗣位，除封赐诰敕、玉印之外，还要宣谕天下；新君即位，要重新布告天下，降诏禀护帝师，而且诏书必须"以粉书诏文于青缯，而绣于白绒，网于真珠，至御宝处，则用珊瑚，遣使赍至彼国，张于帝师所居处"。帝师从藏前来，要倾朝迎接；帝师圆寂，遗骨要派专使护送回藏。另外，帝师所配享之玉印，按照元朝相关规定，只有二品以上大员方能配享。此外，帝师的法旨与皇帝之圣旨在藏区可以并行无阻。由此可见，帝师的地位的确是非常显赫的。

从国师到帝师，八思巴终于迎来自己人生辉煌的巅峰时刻，而这种辉煌是与整个元帝国的辉煌相生相伴的。

第5章

最后的辉煌

　　八思巴晋升帝师的次年，蒙古汗国正式改国号为"大元"。时隔八年，南宋王朝灭亡，元朝也实现了全国统一。然而元朝建立之初，就已存在财政危机，忽必烈以阿合马等人的"理财"克服财政危机，但成效不大。而元朝皇室每年由于频繁的佛事活动以及对各教派的大量赏赐而耗费了不少钱财，从而加剧了财政危机。即使萨迦派在元朝中央政府的扶持下仍呈现一片繁荣之象，但继承人的确立、贡噶桑波叛乱的平定等问题，实际上已日益将萨迦派推向衰亡的深渊，而曲弥盛会则是象征其最后辉煌的一次大法会。

一、大哉乾元

　　"大哉乾元"出自《易经》一书。《易经·乾卦》曰："大哉乾元，万物始资，乃统天。云行雨施，品物流行。大明始终，六位时成，时乘六龙以御天。乾道变化，各正性命，保合太和，乃利贞。首出庶物，万国咸宁。"这里的"乾元"，就是乾之元，乾是天，元是始，乾元即是天道伊始。后来，"乾元"一词用来形容天子之大德，而"大哉"则进一步修饰了"乾元"，从而代表了天子的无量功德。

由于"乾元"一词的象征意义极大，封建帝王曾以其为年号，譬如唐肃宗（李亨，唐代第九代皇帝，系唐玄宗之子，756～762在位。其执政期间唐朝走向没落）就曾于758年的二月改元为乾元，并于当年七月发行了"乾元重宝"。

1271年，蒙宋之间正在经历着襄樊战役（1268～1273），由于双方都把樊城和襄阳看作十分重要的战略要地，所以注定这场战争会打得异常艰苦。至元四年（1267），忽必烈接受刘整的建议，决定攻取南宋重镇襄阳。次年九月，刘整与阿术率军围困樊城和襄阳。由此，襄樊之战正式拉开帷幕。然而一开始宋军就居于不利地位，因为它已经处在蒙古军队的包围之中，所以在一定程度上已经丧失了战争的主动权。至元六年三月，前往增援的张世杰部不敌蒙古军，被迫退回；同年六月，荆鄂都统唐永坚自襄阳城杀出却兵败被俘；同年七月，夏贵增援未果；十二月，南宋京湖战场最有威望的军事指挥官吕文德不幸病逝。所有这一切对南宋都是很不利的，而同时，蒙古军队对襄阳城的包围圈却越缩越小。

前线不断传来蒙古军的好消息，忽必烈似乎已经嗅到了胜利的气息，或许再过几年，他那"中国之帝"的梦想就要实现了。想到这里，他的嘴角不由得浮起了一丝笑意。既然大宋就要灭亡了，蒙古成为"中原正统"也就是迟早的事了，那么"蒙古"这个国号似乎已不能代表蒙古人所取得的成就了。想到这，他的眉头又不自觉地皱了起来。这一切，他的臣子们是看在眼里、急在心头的。于是，精通《周易》的刘秉忠向忽必烈建议,何不取《易》之"大哉乾元"呢。所谓乾元者,天道伊始、天子之大德也!忽必烈听完,非常高兴,至元八年十一月,蒙古正式更名为"大元"。忽必烈在他的《建国号诏》中写道:"我太祖圣武皇帝,握乾符而起朔土,以神武而膺帝图,四震天声,大恢土宇,舆图之广,历古所无。顷者,耆宿诣庭,奏章申请,谓既成于大业,易早定于鸿名。在古制以当然,于朕心乎何有。可建国号曰:元。盖取《易经》'乾元'之义。兹大冶流形于庶品,孰名资始之功;予一人底宁于万邦,尤切体仁之要。事从因革,道协天人。于戏!称义而名,固非为之溢美;孚休惟永,尚不负余于投艰。嘉于敷天,共隆大号。"

大元帝国就这样诞生了。

虽然大元的国祚只有短短的九十余年,但元帝国与秦、隋两个王朝一样,尽管短命,却在中国历史上有着重大的意义。譬如,秦、隋、元三个王朝的建立,分别结束了中国历史上三个动荡时期。秦王扫六合,建立了中国历史上第一个封建王朝;隋文帝结束了魏晋以来的分裂局面;而忽必烈灭南宋,最终使中国归于一统。此外,秦、隋、元三个王朝在治国策略上也均有所建树,其中专制主义中央集权制滥觞于秦,科举、三省六部开创于隋,行省制度则开始于元。除此之外,元帝国还独有一些开创之举,譬如它是第一个以少数民族入主中原并统治整个中国的封建政权。元以前,特别是唐以前,少数民族至多能在一定时期内与中原王朝相抗衡,而且从总体上来看,能与中原王朝相抗衡的基本上是北方民族,而族属复杂、分支众多的南方各民族则陆续被汉族同化而成为其中的一员,那些没有被同化的民族大多也只是活动于偏远地区,更鲜有建立政权者。但自唐亡以来，北方少数民族纷纷建立自己的国家，所以太祖立宋只能陆续灭掉南方的割据政权，但最终也未能除去契丹这个心腹大患。后来又有西夏、金国相继建立，再后来又有蒙古自北方兴起。纵览两宋三百一十九年的历史，它在处理与周边少数民族政权的关系中，远远不及唐帝国在处理这种关系中所表现出来的那种从容与大度，所以曾有人从这个角度出发，认为从唐灭亡到南宋灭亡这段时期，中国并没有实现真正的统一，而宋在很大程度上，其中原正统王朝的地位也逊色了不少。种种迹象表明，少数民族本身在不断地发展壮大，少数民族与中原汉族的差异也在逐渐减少，元终代宋而入继中原正统，则成了这个命题最为有力的论据之一。另外，特别值得一说的是，"大元"这个国号取自《易经》，而正是从元朝开始，中国封建王朝的国号不再取自与建立者称帝前的封号有关的一些名词，譬如朱元璋所建立的政权是"明"（"大明"一词出自《诗经·大雅》），但他称帝之前却曾自称为吴王。此外，清帝国的国号也与建立者称帝前的封号没有多大联系。

随着围困襄阳元军的步步紧逼，死守城池的宋军渐渐有些力不可支了，再加上南宋早已是江河日下、日薄西山了，因此朝廷对于抗元一事就算有心也已无力了。至元十年（1273）二月，襄阳守将吕文焕在万般无奈之下，不得不率众出降，历时六年之久的襄樊战役正式结束。从此，南宋没有了襄阳、樊城作为重要屏障，更加不是蒙古人的对手了。于是，元军一路南下，势如破竹。1276年，南宋都城临安（今浙江杭州）破，恭帝被俘，南宋宣告灭亡。尽管陆秀夫、文天祥、张世杰等拥立宋室成员成立小朝廷，并誓死抵抗到底，但最终还是免不了灭亡的命运。文天祥只好怀着"留取丹心照汗青"的悲壮心情慷慨赴死，而无力回天的陆秀夫也只能背负着年幼的皇帝，背负着他为之坚持的沉重理想，纵身一跃……

几十年后，随着元顺帝的北逃，蒙古人失去了他们在中原的立足之地，而大元帝国的辉煌也瞬间化作了尘封的历史。这种尴尬，与几十年前南宋灭亡之际的情形几乎如出一辙，只不过相比后者，前者要惨烈得多。

元帝国的倾覆，其实是有迹可循的，或者说每一个王朝兴盛的背后，其实已经暗含了衰败的哲理，而导致其衰败的共同原因，用我们今天的观点来看，则是封建土地所有制所同有的弊端。当然，这并不是我们所要探讨的重点。元朝之所以在较短的时间内便灭亡了，其中的一个很重要的原因便是对佛教的极度尊崇以及佛事活动的过于繁杂，这种繁杂程度甚至超出了人们的想象。根据王启龙先生的考证，元朝宫廷的佛事名目主要有：庆赞、药师坛、护城、大施食、美妙金刚迥遮施食、迥遮、风轮、作施食、出水济六道、迥遮施食、常川施食、狮子吼道场、黑狱帝王、护江神施食、自受主戒、秘密坐静、文殊菩萨、至尊大黑神迥遮施食、大喜乐、无量寿、白伞盖咒、五护陀罗尼经、八千颂般若经、大理天神咒、大轮金刚咒、无量寿经、最胜王经、护神咒、怀相金刚、咒法、以泥作小浮屠等，元宫廷佛事活动的繁杂程度由此可见一斑。不过，其中的大多数活动难详见于史籍，而一项叫作"游皇城"的佛事活动，我们则可以在《元史·祭祀志》等史籍中得到详细的了解，现辑录如下：

世祖至元七年，以帝师八思巴之言，于大明殿
御座上置白伞盖一，顶用素段，泥金书梵字于其上，

谓镇伏邪魔获安国刹。自后每岁二月十五日，于大（明）殿启建白伞盖佛事，用诸色仪仗社直，迎引伞盖，周游皇城内外，云与众生被除不祥，导迎福祉。岁正月十五日，宣政院同中书省奏，请先期中书奉旨移文枢密院，八卫拨伞鼓手一百二十人，殿后军甲马五百人，抬舁监坛汉关羽神轿军及杂用五百人。宣政院所辖官寺三百六十所，掌供应佛像、坛面、幢幡、宝盖、车鼓、头旗三百六十坛，每坛擎执抬舁二十六人，钹鼓僧一十二人。大都路掌供各色金门大社一百二十队，教坊司云和署掌大乐鼓、板杖鼓、筚篥、龙笛、琵琶、筝、緌七色，凡四百人。兴和署掌妓女杂扮队戏一百五十人，祥和署掌杂把戏男女一百五十人，仪凤司掌汉人、回回、河西三色细乐，每色各三队，凡三百二十四人。凡执役者，皆官给铠甲袍服器仗，俱以鲜丽整齐为尚，珠玉金绣，装束奇巧，首尾排列三十余里。都城士女，闾阎聚观。礼部官点视诸色队仗，刑部官巡绰喧闹，枢密院官分守城门，而中书省官一员总督视之。先二日，于西镇国寺迎太子游四门，舁高塑像，具仪仗入城。十四日，帝师率梵僧五百人，于大明殿内建佛事。至十五日，恭请伞盖于御座，奉置宝舆，诸仪卫队仗列于殿前，诸色社直暨诸坛面列于崇天门外，迎引出宫。至庆寿寺，具素食，食罢起行，从西宫门外垣海子南岸，入厚载红门，由东华门过延春门而西。帝及后妃公主，于玉德殿门外，搭金脊吾殿彩楼而观览焉。及诸队仗社直送金伞还宫，复恭置御榻上。帝师僧众做佛事，至十六日罢散。岁以为常，谓之游皇城。或有因事而辍，寻复举行。夏六月中，上京亦如之。

从这段描述中，我们基本了解了"游皇城"的整个过程。通过这项声势浩大的佛事活动，可以想见，元朝宫廷每年为举行这样大型的佛事活动而耗费的人力、物力和财力该有多大。另外，为了显示对藏传佛教及其僧人的尊崇，元朝政府还将大量的金银财宝赏赐给他们，仅从现今萨迦寺内所珍藏的元朝赐给的大量珍宝中，我们便能管窥一二。另外，根据《萨迦世系史》的记载，八思巴晋升帝师之时，忽必烈所奉大供养为白银一千大锭、绸缎五万九千匹。

此外，皇帝临时奉献的礼品总计有黄金一百多锭、白银一千锭、绸缎四万多匹。元朝自忽必烈时期便已显示出财政问题的一些端倪，尤其是不恰当的税收制度使其财政问题日益凸显，而忽必烈所起用的所谓"理财"大臣阿合马等，不过是一些只会搜刮民脂民膏的商人出身的色目人，结果只能是以理财失败而告终。再加上佛事活动的纷繁复杂以及对佛教的滥赏滥赐，元朝政府既无法恰当地"开源"，也没有更好地"节流"，所以其财政危机只能是越来越严重，以至于元朝政府到最后已无法控制这种恶性循环的趋势，最终不得不在农民起义的狂潮中土崩瓦解。

这样看来，似乎倒是佛教传入的过错了，要不是八思巴等人的因势利导，元朝宫廷也就不会如此尊崇藏传佛教了。非也，八思巴的本意绝不可能是引导整个帝国走向灭亡，正所谓"家国兴亡自有时，吴人何苦怨西施"，王朝更替背后的规律，哪能仅用一个"崇佛致衰"便能概括得了呢？这里面所包含的政治哲学，实在值得我们去细细品味。

二、帝国的继承人

八思巴晋升帝师之后，一直住在元大都，直到至元八年（1271）他前往临洮（今甘肃定西境内）。前文已经提及，八思巴在大都期间，主要的活动便是参与各项佛事活动，兴建大护国仁王寺，此外当然也包括传法受戒和管理僧侣。但是，至元八年三月底或者四月初，八思巴却从大都启程到临洮，并且在那旅居了三年左右。那么，职责重大、事务繁杂的帝师八思巴为什么会在这个时候选择离开都城呢？根据王启龙先生的分析，八思巴此时到临洮，可能是为了完善朵思麻宣慰司的建制，规划它与巩昌总帅府、甘肃行省的管辖范围，委任宣慰司及其下属的各级官员等。

至元十一年三月，八思巴离开临洮，开始动身返回萨迦。八思巴在此次返藏前夕已辞去帝师一职，而由其弟仁钦坚赞（八思巴异母弟，生于1238年，卒于1279年，终年四十二岁）正式接替他成为元朝的第二任帝师。由此可见，八思巴已做好了不再返回大都的打算，至少他在短时期内是不会回去的。那么，是什么原因促使帝师做出这样的打算呢？或许与萨迦内部所出现的一些状况有关，因为事态较为严重，情况比较复杂，也许需要很长的时间才能妥善处理，因此八思巴不得不考虑让他人来接替自己，以便更好地履行帝师的职责。至于萨迦内部到底出现什么重大的变故，此处不表，且待下文以详说。此次负责护送八思巴返藏的人是真金。

真金，生于1243年，卒于1285年，乃元世祖忽必烈之次子，母为察必。由于其出生时恰逢僧海云在漠北，于是为其取汉名为"真金"，意即真正的金子。取名真金，说明不管是海云也好还是忽必烈也罢，都对这个孩子寄予了无限希望，希望他能够像真金一样坚忍不拔，不论走到哪里都要像真金一样闪闪发光。从孩提时代开始，真金就受到了儒家的深刻影响，他的父亲曾让姚枢、窦默教授真金《孝经》，后又让王恂为真金伴读。通过学习，真金对儒学产生了浓厚的兴趣，因此他的言行举止也被打上了儒家思想的深深烙印，而这恰好也是造成他人生悲剧的重要原因。真金由于表现出色，被忽必烈于中统三年（1262）封为燕王，被任命为中书令（中书省最高长官，秩正一品）。第二年又被任命为中书令兼判枢密院事。尽管忽必烈还不放心让其正式参与朝政，但真金仍表现出对治理国家的强烈兴趣。不仅其治国理念倾向于儒家思想，就是在日常生活中，真金的一言一行也都暗合了儒家伦理道德的要求，因此在忽必烈的汉族儒臣眼里，真金可以称得上是一个合格的皇位继承人，所以纷纷上书请求立其为太子。忽必烈起初对这个儿子也是非常满意的，不仅聪敏好学、勤奋刻苦，还懂得礼贤下士、笼络人心，更重要的是真金重儒学与自己对汉法的倚赖似有某种异曲同工之妙。于是，至元十年（1273），忽必烈立真金为皇太子，仍兼中书令、判枢密院事。其诏曰："咨尔皇太子真金，仰唯太祖皇帝遗训，嫡子中有克嗣服继统者，豫选定之。……朕上遵祖宗宏规，下协昆弟金同之议，乃从燕邸，即立尔为皇太子，积有日矣。比者，儒臣敷奏，国家定立储嗣，宜有册命，此典礼也。今遣摄太尉，左丞相伯颜持节授尔玉册金宝。于戏！圣武燕谋，尔其乘奉。昆弟宗亲，尔其和协。使仁孝显余躬行，抑可谓不负所托矣，尚其戒哉，勿替朕命。"

随着年事的渐增，忽必烈开始反思自己这些年来行汉法、重儒臣的做法，于是真金与忽必烈之间在治国策略上的分歧开始渐渐扩大，而使父子俩这种矛盾进一步恶化的则是阿合马事件。阿合马，回族，起初为察必皇后的侍从，由于其"为人多智巧言，以功利成效自负"，忽必烈看重他在理财方面的才能，于是他得以青云直上，一直做到了中书平章政事。阿合马在位期间主要掌管理财之事，特以清理户口、推行专卖制度、发行交钞等方式来增加元朝的财政收入。但是由于他的种种财政措施不符合儒家治国策略的要求，引起了其他大臣的不满，作为太子的真金对其也是非常厌恶，再加上他把持朝政，任人唯亲，排挤勋旧儒臣，于是儒臣们希望太子真金参政以达到牵制阿合马的目的。忽必烈虽然允许真金参政，但真金并没有获得实权，儒臣们的这种努力基本上没有达到他们预想的效果。于是，至元十九年，武官王著与高和尚合谋，乘忽必烈与真金北往上都之际，借太子之名设计将留守大都的阿合马杀死。尽管后来由于阿合马被参贪污，使忽必烈没有将此事迁怒于太子，但这件事却使忽必烈父子之间的嫌隙更大，同时也成了终结真金生命的催命符。因为，后有江南行御史台上书，要求忽必烈禅位于太子，但此举并不符合蒙古人的思想观念，于是被人暗中扣下。后来这件事被阿合马余党达即归阿散得知，于是上奏忽必烈，意在将这份秘章公开，以打垮太子。尽管这件事最终不了了之，无法峰回路转了，但至元二十二年年底，在这件事中饱受打击的真金太子因惊恐过度而不治身亡，终年四十二岁。

忽必烈父子俩对阿合马截然相反的态度，事实上反映了两人不同的治国理念和策略，真金始终坚持实行"儒治"，即无论做什么决策都应当以儒家思想为指导，换句话说，他已经从骨子里认同儒家的那一整套原则了。而忽必烈尽管也推崇汉法，尊崇孔子，但他实际上是看准了儒家思想对于统治的重大作用，尤其是他还是藩王的时候，他迫切需要得到汉族儒士们的支持，以实现自己的政治抱负。当他坐稳皇位之后，或许他认为儒臣的势力过于强大了，他逐渐放弃了行汉法、重儒臣的路线。其实，这并不是一个难以理解的问题，因为尽管忽必烈在与他年纪相当的蒙古贵族中是受汉文化影响较大的一位，但他始终是在蒙古草原上长大的，从小所受的教育也不是汉族式的，因此受汉文化影响的程度毕竟是有限的。所以，当他感觉到自己将被汉文化所包围的时候，他会感到十分惊慌，他定然会采取措施，企图排除这种威胁，所以忽必烈重用回族阿合马而排斥汉族儒臣，在某种程度上，我们可以将其看作汉文化与蒙古文化之间的激烈碰撞，但是最终，两者之间必然会发生融合。可以这么说，真金太子就是蒙汉文化相互碰撞、融合中的一个牺牲品。因为，真金从小受到汉文化的熏陶，深受汉文化尤其是儒家思想的影响，但偏偏他的父亲是一位受汉文化影响不完全的皇帝，而他又是将来要肩负起整个国家的储君，更重要的是，父子俩都是勤奋之人，都是渴望有所作为的人，所以皇帝与储君之间的矛盾就在所难免了，也注定这是一个悲剧。

　　元不及百年而衰亡，从某种角度来说，正是因为其最高统治者未能深谙以汉法驭民之道，这正如"邯郸学步"一样，最终迷失了自我。如果真金最终做了皇帝，那么元帝国的走向会不会就峰回路转，其命运也会发生某种改变呢？这一切，不得而知。唯一可以预料的是，从建立的那一刻起，元帝国就注定要走向灭亡，而此时，它正在毫不吝惜地挥霍着属于它的无限辉煌。

三、曲弥盛况

在真金太子的陪同下，至元十三年（1276）年底，八思巴一行抵达萨迦，并于同年的十二月二十五日在萨迦寺写好了翌年的新年祝词寄献忽必烈。此次返藏，是八思巴成为帝师之后的第一次返藏，尽管他已经不再担任帝师，但新一任帝师仍出自萨迦派，因此萨迦派在元朝宫廷的影响不会因八思巴的离职而有所减弱，更何况，八思巴在乌思藏地区本来就有着很大的影响力，所以他的威望也不会随着自己辞去帝师一职有所减弱。另外，八思巴尽管已不再是帝师，但他仍然以昭示薛禅皇帝在乌思藏地区的威望为己任，所以，八思巴经过深思熟虑，决定在乌思藏地区举行一场规模宏大的法会，以显帝师之神威并昭皇帝之恩德，这就是著名的曲弥法会。

法会是佛教仪式之一，又叫作法事、佛事、斋会、法要，是为讲说佛法和供佛施僧而举行的集会，即聚集净食、庄严法物、供养诸佛菩萨，或设斋、施食、说法、赞叹佛德。法会在古代印度十分流行，且种类名目繁多。举行法会时，一般先由僧众讽诵经典，信徒随众礼拜，再由有德师僧开示佛法，其后于寺内用斋。法会的仪式根据其性质各有不同，一般进行的方式为以各种法物幢幡庄严佛殿，再于佛前献上香华、灯烛、四果等，并行表白、愿文、讽诵经赞等。

在西藏佛教史上共有三次规模空前、意义深远的大法会，它们是火龙年法会、大祈愿法会和曲弥法会。火龙年法会是古格王孜德为纪念来藏弘法而圆寂于聂唐（今拉萨市曲水县境内）的天竺高僧阿底峡（982～1054，古印度僧人、佛学家、藏传佛教噶当派祖师，他是佛教在西藏地区复兴的一位重要人物），于藏历第一饶迥阴火龙年（1076）在阿里举行的一次法会。这次法会是佛教传入西藏以来的第一次较大规模的法会，它的举行标志着西藏佛教的复兴。前来参加这次法会的有来自印度、尼泊尔、卫藏、阿里、康区的许多名僧，还有印度、尼泊尔的僧人。古格王在会上向僧众发放布施，奖励有功人员，并鼓励其为佛法再作贡献。法会结束后，一批年轻的学者前往印度、尼泊尔等地学习佛法，为藏传佛教的发展作出了很大贡献。大祈愿法会，是西藏地区有史以来第一次把举办法会和庆祝新年结合在一起的大法会。藏历第七饶迥阴土牛年（1409），格鲁派创始人宗喀巴（1357～1419）为了纪念释迦牟尼，纯正佛法，在阐化王扎巴坚赞（1374～1432，1388年被明朝廷封为"灌顶国师"，1406年加封为"灌顶国师阐化王"，对西藏与内地交通联系的发展作出了较大贡献）等人的资助下，同时依靠自己所筹集的一部分资金，在大昭寺（又名"祖拉康"，是松赞干布为尺尊公主于647年在拉萨兴建）举行讲经祈愿法会。参加法会的有来自藏区的僧众一万余人，俗人信众更是不计其数。法会从藏历正月初一开始至十五日结束，历时半个月。法会期间，每天都有施主向僧众发放布施，其中大部分施主是西藏的贵族，并收到黄金等奉献无数。每天除了祈祷外，还有宗喀巴大师讲授《佛本生经》和其他经典。这次法会的成功举办，标志着宗喀巴宗教改革活动的成功和格鲁派的正式创建。

藏历第四饶迥阴火牛年（1277）正月，以真金太子为施主，由八思巴发起并主持，在后藏的曲弥寺（位于今西藏日喀则市曲弥乡）举行了一次规模空前的大法会，即曲弥法会。参加这次法会的有卫藏各地的僧众7万余人和能讲几部经典的格西数千以及一般民众，总计达10万余人。这次法会持续了14天。法会期间，八思巴捐献了黄金963两3钱、白银9大锭、锦缎41匹、彩丝缎838匹、绸子5858匹、茶叶120大包、蜂蜜603桶、酥油13728克、青稞37018克、炒面8600克，其他零碎物品不计其数。真金太子代表忽必烈向参加法会的7万余名僧人每人发给1钱黄金的布施。

这次大法会，从规模上讲，可以说是西藏古代历史上空前绝后的，不仅因其参加的人数众多，贡献丰盛，还因此次法会得到了元朝中央政府的大力支持，连帝国的太子也出面发放布施了，而且他所代表的还是当今皇帝。此时举行法会，其用意已经很明确了，那就是借助法会向西藏地区昭示元帝国的强大国力和对萨迦派的有力支持，以及承认八思巴所取得的藏传佛教最高的领袖地位。后来，萨迦派的首领也多次在此召集各派僧人举行大法会，但其规模再也无法与此次法会相比了，这也从一个侧面说明此时正是萨迦派最为辉煌的时刻。或许，如此盛大的法会，如此奢侈的排场，如此厚重的赏赐，多少显示出了元帝国的外强中干，也多少表明了仰仗元朝扶持的萨迦派的虚弱和后继乏人，否则何至于继德高望重的八思巴之后，就再也没有出现能像他那样如此出众的领袖人物了呢？

四、达尼钦波桑波贝？达玛巴拉？

八思巴此次返回萨迦与前一次返藏很不同的一点就是，

他所做的某些事给人的感觉是似乎他已经在考虑自己的身后之事了，先是辞去帝师一职，而现在则是确立萨迦派的继承人。或许，八思巴真的有未卜先知的本领吧。总之，他已经把确立萨迦派的继承人当作目前的一件大事来考虑了。严峻的事实摆在他和整个萨迦派的面前，那就是在八思巴的下一代人中，如今只有达尼钦波桑波贝和达玛巴拉两个男性成员。本来，八思巴有三个弟弟，即恰那多吉、仁钦坚赞和益希迥乃，其中八思巴与恰那多吉同为桑察·索南坚赞的长妻所生，仁钦坚赞为次妻所生，益希迥乃为第五妻所生。八思巴的同母弟恰那多吉于1267年去世，而异母弟仁钦坚赞接替八思巴做了帝师，没有子嗣。他的另一个异母弟益希迥乃也于1274年在云南去世，因此有资格继承萨迦派宗教领袖的，如今只有达尼钦波桑波贝和达玛巴拉两人了。但是，最终能够继承八思巴法主之位的只能有一个人，那么，到底选择谁更为合适呢？

达尼钦波桑波贝是八思巴异母弟益希迥乃与隆那涅巴仁家的女子曲仁吉所生的儿子，他生于藏历第四饶迥阳水狗年（1262）。关于达尼钦波桑波贝的记载并不是很多，我们只知道他比达玛巴拉年长六岁。在八思巴第二次返回萨迦后，他曾与达玛巴拉一同跟随八思巴学习佛法。

达玛巴拉，乃八思巴同母弟恰那多吉之子，生于藏历第五饶迥阴火兔年（1267），在其降生当年，他的父亲便不幸去世了。达玛巴拉的母亲名叫玛久觉卓本，而她的父亲，也就是达玛巴拉的外祖父尚阿札，曾是元朝乌思藏十三万户之一的夏鲁万户的万户长。夏鲁万户当时是十三万户之中势力比较强大的几个万户之一。根据史籍记载，整个夏鲁万户当时所管辖的人口共计3892户，居于十三万户人口总数之首，由此可见夏鲁万户的实力之盛。并且，夏鲁万户长对达玛巴拉这个外孙甚为重视，曾在他出生时，在萨迦修建了辛康拉卓和夏鲁康萨以保护他的人身安全，因此相对而言，达玛巴拉所能依靠的政治力量比起其堂兄来要强大得多。除了母亲方面的优势外，达玛巴拉与达尼钦波桑波贝相比，其优势还体现在：他的父亲恰那多吉从小在蒙古地方长大，习蒙古语，着蒙古装，又曾娶蒙古公主为妻，并被忽必烈封为白兰王。如果不是他过早去世的话，他将极有可能成为元朝在西藏地区的最高世俗统治者，白兰王一职也不会逐渐失去其原有的意义。因此，恰那多吉与元朝中央政府之间的这层关系定然会使元朝在萨迦派法主继承人之选择一事上偏向达玛巴拉一边的，更何况，他的伯父，他父亲的亲哥哥，本身就是萨迦派的现任法主。而对于达尼钦波桑波贝来说，他并不具备这么多优势，他的父亲不是八思巴同母的弟弟，他自己也没有如达玛巴拉那么强硬的后台，所以注定他会在这场继承人的争夺中处于非常不利的地位。

那么，八思巴到底是怎么想怎么做的呢？对于八思巴而言，达玛巴拉毕竟是自己的亲侄子，而且他的父亲，也就是自己同母的弟弟恰那多吉，从小就与自己一道跟随伯父萨班背井离乡前往汉地，可以说恰那多吉是与自己共同经历过荣辱悲忧的人，而如今他却英年早逝。因此从感情层面说，八思巴偏爱达玛巴拉也是情有可原的，因为八思巴先是一个人，然后才是一个僧人，而感情亲疏的程度往往会左右一个正常人对人和事的一些看法，就算八思巴已是得道高僧，他也不可能完全免俗。另外值得注意的是，八思巴可以算得上一个优秀的政治活动家，不然，他是不可能在很短的时期内获得忽必烈的青睐，进而从一个普通的僧人一路走到国师，再到万众瞩目的帝师的位置上来的。作为一个优秀的政治活动家，没有独到的政治眼光是不行的。因此，我们完全有理由相信，八思巴已经意识到他的继承人的抉择问题绝不仅仅是宗教问题和家族问题，从某种意义上来看，这其实事关西藏地方政权的巩固以及元朝政府在卫藏地区统治的巩固。因为，此时的萨迦派已不再只是西藏地区的一个宗教势力集团了，它还是配合元朝中央政府对西藏地区进行管理的一个政治实力集团，而且在某种程度上，它还是西藏地区各政教势力集团的最高代表，所以萨迦派继承人的选择一定要慎之又慎。从达尼钦波桑波贝与达玛巴拉两人所具备的条件来看，后者似乎更适合继承自己的位置，从一个政治活动家的角度来看，选择达玛巴拉更有利于西藏政局的稳定，因此，于公于私，八思巴都应该考虑以达玛巴拉作为萨迦法主的继承人。

于是，达玛巴拉就这样成为萨迦法主八思巴的继承人进而成为萨迦准法主。然而还有一个很严峻的问题摆在八思巴和达玛巴拉等人的面前，那就是按照萨迦派政教领袖分任的原则，达尼钦波桑波贝将成为萨迦世俗领袖的唯一人选，因为年幼的达玛巴拉已经违背传统继承了萨迦派法主之位，那么家族内仅存的两个男嗣之一的达尼钦波桑波贝将会理所当然地成为萨迦地方的世俗领袖。这样一来，达尼钦波桑波贝会不会暗中报仇以雪耻辱尚未可知，但有一点是肯定的，那就是他的上台必定会在很大程度上拆分达玛巴拉的权力，从而成为导致萨迦内部矛盾和西藏政局不稳定的重要因素。换句话说，只要达尼钦波桑波贝存在，他就会影响达玛巴拉的权威，威胁达玛巴拉的地位。因此，已经被剥夺萨迦派继承人资格的达尼钦波桑波贝又被以借口违反八思巴的相关规定而被忽必烈下令予以追查，并被流放江南。从此，再也没有可以威胁达玛巴拉地位的人了，八思巴总算可以放心了，毕竟这么做是消除了萨迦派和西藏的不稳定因素。

其实这么做，可以暂时起到缓和矛盾、稳定政局的作用，但实际上，这恰恰为萨迦派日后种下了矛盾和分裂的隐患。尽管八思巴作出的决定也许符合当时的情形，但任何事物都是发展变化的，也是辩证的，他的这种轻易改变传统的行为或许在不知不觉之中已经影响了他在人们心目中的崇高地位和伟岸形象，尽管人们并不反对他改变传统的做法。同时正是这种轻易改变传统的做法，或许将给人们提供一个很好的"榜样"和"模范"，帝师尚且如此，普通人当然可以效仿而为之了。这样的后果，八思巴或许没有想到，但我们更愿意相信，他有属于他自己的身不由己和难言之隐。不管怎么样，这件事也许是八思巴一生中做得最不完满的一件，也许将是他一生的遗憾。

具有讽刺意味的是，若干年后（1298年），惨遭贬谪命运的达尼钦波桑波贝又被元成宗诏回，并受命担负起了娶妻生子、延续款氏后代的重任，原因就是达玛巴拉所娶的妻子中，一个未有生子，另一个生有一子热达巴札，但不幸夭折了，达玛巴拉从此断嗣。这样，达尼钦波桑波贝不得不担负起延续款氏香火的重任。若八思巴泉下有知，不知道他会不会觉得很对不起自己的这个侄子呢？

五、贡噶桑波：罪不容诛还是兔死狗烹

前文中提到，八思巴于1274年从临洮动身返回萨迦是因为萨迦内部出现的一些事情急需他回去解决，其中一件事就是与

本钦贡噶桑波有关。

贡噶桑波是萨迦第二任本钦，1268年首任萨迦本钦释迦桑波去世，于是首任朗钦贡噶桑波接替其本钦位成为萨迦第二任本钦。本钦是萨迦内部很重要的官职，也是元朝在西藏地区设置的重要官职。本钦在西藏地方政权中扮演了十分关键的角色，所以对其担任者而言，一定要具备很好的素质。很显然，贡噶桑波就是这么一个具备一定素质的人。首先，他之所以身居地位同样十分重要的朗钦之职，并最终能够成为第二任本钦，这本身已经说明他并非等闲之辈，没有一定的政治韬略和手腕，他是决计不能一路青云直上的。甚至可以这么说，但凡在政治上有所作为的人都不能算作泛泛之辈。贡噶桑波后来的政绩更进一步说明他的出类拔萃，他主持完成了萨迦南寺的兴建工程。

1267年，首任本钦释迦桑波向八思巴提出兴建萨迦南寺的请求并获得允准，于是，释迦桑波向乌思藏地方各个万户和千户发布命令，征调人力，于次年为萨迦南寺奠基，还修建了里面的围墙、角楼和殿墙等。由于释迦桑波于1268年去世，所以继续这项浩大工程的任务便摆在了继任本钦贡噶桑波的面前。在他的领导下，萨迦南寺的底层、顶层、外围墙和内围墙得以建成，黄金制成的屋脊宝瓶和纪念萨迦班智达的观音菩萨镀金像顺利铸成，大殿回廊的绘画也在这一时期完成。从1268年开始兴建到1295年最终建成，花费了近三十年的时间，萨迦南寺才得以竣工。由此可见，这是一项多么浩大的工程，其奢华程度，我们大抵也能略知一二了。仅仅在调度人力、物力、财力上，已经是一项烦琐而艰巨的工作了，更不用说还要负责设计、指挥等工作了。贡噶桑波在担任本钦期间，建寺工作尚处在起步阶段，因此，没有出色的办事能力肯定是很难使这项浩大工程得以顺利进行的，所以不得不说他是一个很有办事能力的人。其次，贡噶桑波的才能还表现在他过人的胆识之上。对于一个出色的政治家而言，有时候为了达到某种目的，往往会采取异乎常人的策略和措施，用一句通俗的话来说，就是为了达到目的可以不择手段。历史上这样的事例比比皆是，譬如一代女皇武则天，她个人的荣耀与辉煌，从某种角度上来说是由她最亲近之人的血与泪一步一步堆砌起来的，上承贞观、下启开元的武周辉煌从某种意义上说也就是一部李唐子孙的血泪史。同样地，贡噶桑波作为萨迦本钦，他做任何事都一定要从有利于萨迦的角度出发，哪怕是不择手段。据说，他曾经为了从帕木竹巴手中夺得一块在阿里的领地，竟然唆使帕竹万户首领南萨拔希的侍从将其主人毒死，真是不愧为一位铁腕政治家。

事物都是具有两面性的：一方面，贡噶桑波出色的办事能力和过人的胆识谋略助他平步青云，成长为一代政治家；另一方面，他的这种能力和胆识或许已经无意中得罪了不少人，再加上他平常的某些行为，譬如独断专行以及党同伐异，已经不知不觉地被那些别人用心的人或者他得罪过的人暗暗记在心里，一旦时机成熟就会添油加醋地向八思巴"具实禀告"了。

机会终于来了，当八思巴旅居临洮的时候，一个叫意希仁钦的人受萨迦派大众的委派，前去迎请帝师返回萨迦。或许，八思巴从意希仁钦等人的嘴里听到了有关贡噶桑波擅权等僭越行为的一些风言风语。出于稳固萨迦政权的考虑，八思巴对此事当然不敢怠慢，或者说，如果有人危及萨迦，纵使枉杀三千也不能放漏一人，所以八思巴尚未动身返藏便将贡噶桑波作革职处理了。对贡噶桑波来说，他定然觉得十分委屈，他为萨迦政权的稳固尽心尽力，如今帝师一道旨意，就这样将自己予以革职，他是无论如何都无法释怀的。因此，尽管1274年贡噶桑波被革职隐退甲若仓（位于今日喀则地区江孜县），但他不会甘心就这么被革职，他很可能会暗中遥控他在萨迦政权内的同党，在他的煽动和授意下，他的死党们很有可能故意到处滋事扰民，处处与八思巴唱对台戏，甚至还可能公然反对八思巴所挑选的继承人达玛巴拉。对此，八思巴是绝对不能容忍的。为了给达玛巴拉扫清障碍，八思巴连自己的侄子都可以牺牲，更何况是他呢？因此，经真金太子从萨迦返回大都据实奏明，忽必烈于1279年遣总制院使桑哥前往，帮助八思巴和萨迦派平息贡噶桑波之乱（贡噶桑波可能以甲若为据点，以武力反抗），最终杀死贡噶桑波，除去了八思巴的心腹大患。

　　从八思巴和萨迦派的角度而言，处死贡噶桑波本是无可厚非的，不管怎么样，八思巴都无法容忍任何人的独断专行和党同伐异威胁到萨迦派的利益。毕竟，萨迦派的既得利益是经他和他伯父等人的艰辛努力才换来的，况且维护自身利益本来就是人的天性。也许，八思巴自己也明白，他的智慧和威望是他的继承人所不能比拟的，而萨迦派如今的地位在很大程度上就是建立在自己的智慧和威望之上的，一旦自己不在了，达玛巴拉等人恐怕难以支撑起整个萨迦派。这一点，也许是他最为担心的。所以，在有生之年，八思巴定然要不遗余力地帮助达玛巴拉巩固地位和扫清障碍，赶走达尼钦波桑波贝是其步骤之一，除去贡噶桑波同样是八思巴的一个步骤。所以，罪不容诛者，贡噶桑波是也！

站在贡噶桑波的立场上看，他为了萨迦派可以说是尽心竭力，甚至为了扩充其地盘而不惜冒着广泛树敌的危险，可是帝师一声令下，他就得灰头土脸地退居乡野之地，而自己稍微有一丝不满情绪，帝师就要让中央政府派兵予以捉拿。也许，贡噶桑波到临死之际也未能真正明白自己到底失误在哪里，或许他只能仰天长叹，感慨自己生不逢时，或许他把自己的身败名裂归结为一场兔死狗烹的政治阴谋。

贡噶桑波事件之后，萨迦派看似一片风平浪静，事实上，背后早已暗流涌动，矛盾丛生，即将发生的一件大事将彻底打破这种平静。

六、藤杖弯了

萨迦派内部的事情基本上处理完毕，也就意味着八思巴即将走完他短暂而光辉的人生旅程了。至元十七年（1280）十一月二十二日，几乎是在毫无征兆的情况下，八思巴突然圆寂于萨迦南寺的拉康拉章，终年四十六岁。说八思巴的死几乎没有征兆，那是从他当时的身体条件来说，四十有六，正值人生壮年，按理说壮年而逝的概率还是比较低的。但如果从宿命论的角度来说，八思巴的死其实是早有"征兆"的。根据《萨迦世系史》的记载，八思巴年幼时曾梦见自己手中拿着一根有八十节的藤杖，到第四十六节处弯曲了。第二天清晨，八思巴把这个怪梦告诉给萨班，萨班说："这节数象征你的寿数。第四十六节上弯曲是预兆着你四十六岁时有难，到时需要当心。"当然，这个故事穿凿附会的痕迹似乎过于明显，我们大可不必全然相信，不过至少有一点是可以肯定的，那就是八思巴终究没能逃过"劫数"而溘然长逝。

关于八思巴的死因，存在着几种不同的说法。有人认为他可能死于操劳过度，有人认为他可能死于贡噶桑波余党之手，也有人认为他可能是被自己的侍从所暗害。然而八思巴真正的死因是什么，由于史籍记载得不甚丰富，加之语焉不详，所以我们也无法确定，而只能说，以上三种猜测都是有可能的。首先，八思巴的一生可以说是奔波操劳的一生，幼年时追随伯父一道奔赴凉州，此后他的足迹遍布各地。更值得一提的是，为了进一步加强西藏地区与元朝中央政府的联系，八思巴曾两次往返于藏区与汉地之间。众所周知，西藏与汉地的自然地理环境存在较大差异，对于藏族人来说，频繁地往返汉、藏两地对身体的不良影响是十分明显的。因此，我们也并不能排除帝师之死与环境因素的这种关联性。其次，由于贡噶桑波被八思巴革职，所以他肯定对其心怀不满，因此不能完全排除帝师被其余党暗害的可能性。最后，事物都有两面性，尽管八思巴受到了大多数人的拥戴，但也不能否认他损害了部分人的利益而遭到他们的忌恨。一般来说，他对自己的近侍的警惕性往往最为松懈，所以也不能排除忌恨八思巴的人通过收买其近侍将其害死的可能性。既然以上三种可能都无法排除，同时不能找出新的、更加有力的证据，那么，帝师八思巴的死，只能是一个耐人寻味却又无法破解的千古之谜了。

八思巴圆寂后，他所选择的继承人达玛巴拉为他举行了盛大的超荐法事，并在萨迦寺为他修建了灵塔。当忽必烈获知帝师圆寂的那一刻，他的内心活动应十分复杂：他与八思巴之间的关系绝不仅是简单的"君臣""师徒"两词可以概括的。从某种意义上说，他与八思巴可以算得上是患难与共的知己，这也注定了忽必烈会对上师的圆寂感到悲伤和无所适从。我们从《萨迦世系史》的一段记载便可管窥一斑："当皇帝知道八思巴去世的消息后，遂把八思巴之尸骨放在头上多次祝祷，所有之尸骨变为舍利子，皇帝捡起象牙说：'这不是我上师之尸骨。'遂扔到一边……"如果不是与帝师以及藏传佛教有着深厚的情谊，忽必烈是不太可能如此专注于这件事的。斯人已逝，整个元帝国只能依靠举行极度奢华、隆重的仪式，来缅怀帝师的伟大贡献和无量功德了。

《元史》记载：

> 至元十九年十二月，……造帝师八合思八舍利塔。（1282年）

> 冬十月壬辰，建帝师八思巴殿余大兴教寺，给钞万锭。（1318年）

> 丙子，建帝师八思巴寺于京师。遣使赐西蕃撒斯迦地僧金二百五十两、银二千二百两、袈裟二万，币、帛、幡、茶各有差。（1323年）

> 辛未，绘帝师八思巴像十一颁各行省，塑视之。（1324年）

此外，我们可以从一段疏文中看出八思巴在整个元帝国的崇高地位：

> 天启有元，笃生辅治之大圣，道尊无上，实为宣文之法王。密赞化基，阴翊王渡。吐辞为经，举足为法，位居千佛之中，博厚配地，高明配天，尊极一人之上。维兹圣忌，益仰恩光。伏厚驾愿轮，赞四海同文之治化，眷言像季，振千古正法之宗纲……

上述赞誉今天看来多少显得有些过誉，但也足见八思巴在元帝国中的地位和在佛教界的声望了。

帝师的圆寂不仅对元朝皇室来说是一个巨大的损失，而且对于整个萨迦派来说，意味着它从此由鼎盛逐渐走向衰落。实际上，前文也已经提及，萨迦派辉煌的背后早已暗藏着统治危机，随着时间的流逝，那些危机迟早会显露出来，并最终成为整个萨迦政权走向衰亡的催化剂。14世纪初，元帝国日趋衰落，自顾不暇的元朝中央政府不得不逐渐放松了对乌思藏地区的控制。失去了中央政府强有力支持的萨迦派也逐渐出现了统治危机，这种危机主要表现为统治集团内部的权力倾轧，在外部则主要是以十三万户为代表的政教势力集团日益表现出脱离萨迦地方政权控制的政治倾向。

萨迦派的这两种统治危机，尤其是后者，早在萨迦派取得优于其他各教派地位之时就已存在了，只不过那时萨迦派有元朝中央政府的有力支持而已。而前一种危机的出现也是必然的，因为统治集团的内讧本来就是封建社会的必然，这只是个时间问题。达尼钦波桑波贝被元成宗从江南诏回之后，不仅得以主持萨迦地方政权的事务，还奉命娶了七个妻子，生了许多儿子，其中一子即贡噶罗追坚赞做了帝师。而正是贡噶罗追坚赞担任帝师期间，为了防止兄弟内争，在他的主持下，于1324年将萨迦派分成了四个拉章，即细脱拉章、拉康拉章、仁钦岗拉章和都却拉章。四个拉章都拥有自己的土地、牧场、牲畜和属民，因此具有一定的独立性。后来，其他三个拉章均绝嗣，拉康拉章则又分裂成平措拉章和卓玛拉章，后期的萨迦派就由这两个拉章轮流掌管。经过拉章的划分，本来就处境不妙的萨迦派显得更加岌岌可危了，从此萨迦派在内外交困的窘境中一步一步走向了衰亡。1354年，帕竹万户率兵攻破萨迦寺。于是，从1265年八思巴建立西藏行政体制，到1354年萨迦寺被帕木竹巴攻破，历时九十年的萨迦时代就这样终结了。很快，西藏地区进入了帕竹地方政权的统治时代。

这样的结局令人无限感慨和唏嘘，似乎幸运之神不会永久地眷顾某一个人，又或者治乱兴替、兴衰荣辱本来就是历史永恒不变的真谛。

第6章

赢得生前身后名

八思巴以他短暂的生命谱写了壮丽的人生乐章，关于他的伟大和与众不同，其生前，人们用"圣者""上师"等名词表达崇敬，而时至今日，我们以"家"等形式将他的身份概括为政治活动家、宗教文化传播者、语言文字学家、教育家以及藏传佛教高僧大德。

作为政治活动家，八思巴竭一生精力致力于西藏归附元朝中央之伟业，使西藏地区与中央政府之联系达到空前紧密的程度；作为宗教文化传播者，他倾自身所能将藏传佛教介绍至蒙古、汉地，并最终将其发扬光大；作为语言文字学家，他为蒙古民族创制新型文字，加速了蒙古文明发展的进程；作为教育家，他将平生所学无私授予他人，以其言行给予他人以潜移默化的影响，最终成就了一大批优秀的宗教学者、译经师和政治家；作为藏传佛教高僧大德，他撰写了内容涉及藏族历史与文化著作达三十余种，传播了藏传佛教文化，丰富了藏族文化乃至整个中华文化。

一、政治活动家

作为一个出色的政治活动家，八思巴最大的成就是由一个普通僧人一步步成为蒙古国师、大元帝师，将萨迦派由一个相对强大的政教势力集团发展为统治整个西藏地区的萨迦政权。从我们今天的时代背景出发，八思巴在政治上最大的贡献就是接过萨班手中的接力棒，进一步强化了西藏地方与元朝中央政府的联系。从这个角度出发，八思巴是为祖国统一和民族团结事业作出了重大贡献的英雄式的人物。

为了实现上述目标，必须具备相应的条件，换句话说，八思巴的成功是有其必然性的。

首先，八思巴所处的家族环境和他所生活的时代背景是他获得成功的重要条件，或者说是其成功的外部因素。八思巴所生活的时代，正是蒙古人通过一系列征服战争统一整个中国的时代，征服西藏也是其统一中国的一部分内容。而长期处于分裂割据状态下的西藏地区，其实力根本不足以对抗强大的蒙古铁骑，同时，统一、和平、稳定、繁荣更是当时整个西藏地区人民的共同心声。在这样的时代和社会背景下，八思巴获得成功是理所当然的。同时，八思巴的家族环境是他取得成功的另一个助推器。八思巴所属的萨迦款氏家族是一个以传承、传播佛法为己任的"佛教世家"。因此，他一出生就受到家族内部佛教氛围的影响，加上父辈们的积极引导，他能在研修佛法中取得非常重大的成就是完全可能的。此外，他的家族除了是一个佛教世家外，还可以算是西藏地区一个名副其实的割据势力，尤其是发展到八思巴出生的前夕，萨迦派及其萨迦款氏家族在西藏地区已经有着举足轻重的政治地位了。这些有利的条件无疑为八思巴的人生铺平了道路，也在无形中减少了八思巴碰壁的机会，更为其获得成功增加了不少的砝码。

其次，八思巴个人所具备的内在条件是其获得成功的根本原因，或者说他自身的条件和修养对其获得成功具有决定性意义。第一个优势，八思巴是一个聪颖好学、刻苦勤奋的人。他很小的时候便能记诵佛教经典，不到十岁就能讲经说法，因此被冠以"圣者"的美称，他的确可以称得上萨迦派名副其实的灵童。八思巴并没有自恃聪敏而对学业有所倦怠，当他与胞弟跟随萨班前往凉州时，也没有忘记跟随萨班研习佛法，最后，他学遍萨班的佛法知识，并获其真传。第二个优势，八思巴是一个善于抓住时机而有所为有所不为的人，这样的事例很多，而正是这一特性成就了一个出色的政治活动家。总的来说，八思巴联合忽必烈是一个十分明智的选择。我们很难想象，如果八思巴的人生旅程中未出现忽必烈，那么他的国师之路会不会如此顺利？他还能不能成为万众瞩目的大元帝师？萨迦派还能不能成就它后来的辉煌？就算答案是肯定的，那么这个过程以及其中的艰辛，恐怕相比起来要漫长和严重得多。在这个大的方向之下，八思巴所做的事情主要就是为了进一步获得忽必烈的信赖。譬如，本已对青年僧人八思巴产生好感的忽必烈由于噶玛拔希的半路杀出而产生了些许动摇。为了消除威胁，八思巴不惜以利剑伤身来展示自己的本领。在与忽必烈后来的交流中，八思巴更显出"欲擒故纵"的计谋，他故意摆出一副傲慢的姿态，实际上他是想把忽必烈引入自己的"圈套"之中，一旦忽必烈进入"圈套"，并询问其祖先有何功德以至于他如此傲慢之时，八思巴乘机大述祖德，并欲使忽必烈意识到帝王崇佛之古制对定国安邦的迫切性和重要性，从而使忽必烈逐渐确立起对萨迦派和藏传佛教的尊崇之情。此外，八思巴最值得称道的地方是，当忽必烈遭遇人生重大挫折即钩拷之祸时，八思巴仍然对其不离不弃，并且还以自己特有的方式前往五台山为忽必烈祈福，希望他能够早日渡过难关。而且每逢元旦之际，八思巴还专门撰写祝词为忽必烈一家祈祷平安，这件事，从1255年到1280年，八思巴坚持了整整二十六年。

正是这一系列行为和活动，使忽必烈对他产生了空前的信任，并最终决定倚靠藏传佛教萨迦派作为整个帝国统治的精神支柱。

二、宗教文化传播者

作为一位伟大的宗教文化传播者，八思巴最大的成就是把藏传佛教传到了包括蒙古草原在内的西藏以外的地区，并成功地将其抬升到大元帝国国教的地位。当然，藏传佛教获得这种崇高地位，主要就在于八思巴出色的政治活动能力。八思巴在取得政治上巨大成就的同时，也将藏传佛教推到了元朝国教的高度，或者说，八思巴本来就是借助其在藏传佛教上的重大成就，进而获得政治上的巨大成功。同样，藏传佛教传入蒙古地区、汉地并最终成为元朝国教，用我们今天的眼光来看，八思巴实际上是对藏、汉、蒙等民族之间的文化交流作出重大贡献的藏族宗教人士。

作为宗教文化传播者，八思巴于1258年参加由《老子化胡经》所引发的佛教和道教之间的大辩论，最终佛教大获全胜。通过这次辩论，参加辩论的樊志应等十七名道士被迫削发为僧，那些被视为伪经的道教经典也多被焚毁，从前为道教所占的佛寺也多归还，而以忽必烈为代表的蒙古统治阶级上层也更加尊崇佛教。因此，佛教尤其是藏传佛教在汉地的影响与日俱增，就像八思巴在他的《调伏外道大师记》中所说："当具足福德利乐及大智慧之人主颁布诏命，使讲论清净教法之箭装上正理金刚之尖利箭镞由善辩勇士从天界射出之时，那些致力于仙人之道、具有预知未来的慧眼和神幻之力但受俗世习气熏染而贪恋尘世、难入解脱之道、追随太上老君，虽然精习自己的教法但自吹自擂近于疯癫的道士们，铁石般顽固的心肠也染上清净佛法的金粉，勤守佛陀的禁戒和佛法的律仪，使大德们时常欢喜。"由此可见，那些开始被迫皈依三宝的道士，到后来也逐渐放下成见，开始静心修习佛法。所以，经过此事，再加上统治者们的"模范"和"榜样"作用，藏传佛教势必会逐渐在蒙古地区、汉地站稳脚跟，并逐渐与其固有的文化发生融合。

事实上，经过以八思巴和忽必烈为代表的蒙、藏两族人民的共同努力，蒙古社会的本土宗教在与传入的藏传佛教之间的激烈碰撞中相互借鉴、取长补短，最终实现了彼此之间的融合，其中最典型的是在16世纪末17世纪初，藏传佛教再次传入蒙古地区，尽管两种不同的宗教文化之间由于祭祀等仪式上的认识差异而导致了激烈的矛盾和冲突，萨满教遭到了蒙古统治者的血腥镇压，但萨满教对蒙古族意识形态的影响并没有彻底消除。相反，藏传佛教在传入之初就吸收了带有鲜明萨满教痕迹的蒙古文化因子，譬如萨满教的自然崇拜、祖先崇拜、图腾崇拜等，所以随着藏传佛教的又一次传入，萨满教与藏传佛教的融合更加明显，使蒙古文化中兼具藏传佛教和萨满教两种宗教文化的痕迹和特征。同样，汉地的宗教文化也一定在这个时代通过与藏族宗教文化的交流，对整个藏族的宗教文化产生了一定的影响。譬如，那些出家的道士在皈依佛教的同时，也一定会把自己对道教的领悟与之相结合，从而加深对佛、道二教的认识，尽管这种影响由于道士人数的稀少而显得有些微不足道。再比如，八思巴作为统领天下佛教的国师、帝师，他的身边一定不会没有信奉汉传佛教或者属于其他支系佛教的僧人，或者说，身为帝师的八思巴在他的任内决计不可能丝毫不与其他支系的佛教僧人发生某种联系。在这种联系过程中，以八思巴为代表的藏传佛教僧人不可避免地会受到其他支系的佛教教法及其仪轨的某种影响，而这种影响则完全又有可能通过八思巴等人带回西藏地区，从而实现汉地宗教文化与藏地宗教文化的交流。八思巴所撰写的《为真金写造华严经而作之赞词》就是一个很好的例子。

三、语言文字学家和教育家

作为一个杰出的语言文字学家和教育家，八思巴最大的成就是他创制的"八思巴字"，并使之成为整个元帝国的"国字"，同时通过招收弟子使自己的思想观念得以发扬光大。因此，从这个意义上说，八思巴是元朝最有名的佛学者之一，又是中国语言文字学史上著名的语言文字学家。

作为语言文字学家，八思巴奉忽必烈之命利用返回萨迦地方建立西藏行政体制的时机，经过艰辛努力，终于创字成功，并于1269年年底进献给忽必烈。八思巴字创制成功的意义，不仅仅意味着元帝国从此有了"国字"，也不仅仅意味着八思巴将凭借创制文字的伟业而荣登帝师之位。从中国文化的角度来讲，八思巴字的创制为蒙古民族文化的进一步发展提供了可能，它是首次统一民族文字字形的一种尝试，用八思巴字记载的各种文献也为我们今天研究元代历史与文化提供了重要的史料。

作为教育学家，八思巴以自己的方式发现并培养了一大批优秀的宗教学者、译师、工匠、艺术家、政治家，其中较为优秀的主要有胆巴、沙罗巴、阿尼哥、桑哥、阿鲁浑萨理、刘容等。

胆巴（1230~1303），元代朵甘思噶巴域（今青海玉树称多县）人。幼年丧父，自幼跟随叔父生活，稍长，随侍萨班左右。九岁能熟练诵记梵咒，十二岁通达经咒坛法，二十四岁即能讲经说法，引得四众悦服。后奉八思巴之命前往印度古达麻室利处学习梵典，尽得其传。八思巴于1264年从大都返回萨迦期间，在噶巴域地区邂逅胆巴，心生喜爱，于是将其带回萨迦。八思巴返回大都时，胆巴亦随其同返。后经八思巴举荐，胆巴得以奉忽必烈之命住持五台山寿宁寺（位于今山西五台山台怀镇，始建于北魏太和年间，北宋真宗时改称寿宁寺，它是元代藏传佛教在五台山最早的寺院）。此后，他又被封为国师。元大德七年（1303）五月十八日，胆巴在元上都圆寂，终年七十四岁。胆巴圆寂后，其舍利被迎至北京葬于仁王寺庆安塔。元仁宗皇庆二年（1313），元朝政府追尊其为"大觉普慈广照无上帝师"，以示尊崇。胆巴在元代所享声誉极高，除八思巴外，他被认为是元代地位最高、声名最大的僧人。

沙罗巴（1259~1314），元代秦州积宁人，乃译经世家，从小便聪慧异常。1264年，八思巴在返回萨迦途中，于朵思麻地区的秦州路遇沙罗巴，收其为徒，于是沙罗巴便师从八思巴剃度为僧，并跟随八思巴修习诸部灌顶法，从恰那多吉学习大小乘佛法，此外还奉八思巴之命从刺温卜习焰曼德迦之法。由于自幼聪颖，加之名师指点，沙罗巴进步神速，故而其不但善蕃音，说诸妙法，还深谙诸国文字。八思巴为忽必烈讲经说法时，常由其充任翻译。后来，八思巴再次返藏，沿途为太子真金讲授《彰所知论》，沙罗巴亦尝随侍左右为其翻译。八思巴圆寂后，沙罗巴定居大都，并于1295年赴任江浙佛教总统，以整顿僧风之弊。1311年起居于庆寿寺（位于今陕西彬县），直至1314年圆寂。沙罗巴在元朝同样享有很高的声望，据史籍记载，沙罗巴1314年生病期间，元仁宗曾亲自过问其医药费用。沙罗巴一生主要以译经闻名，所译佛经主要有《彰所知论》二卷、《药师琉璃光王七佛本愿功德经念诵仪轨》二卷、《药师琉璃光王七佛本愿功德经念诵仪轨供养法》一卷、《佛顶大白伞盖陀罗尼经》一卷、《佛说文殊菩萨最胜真实名义经》一卷、《佛说坏相金刚陀罗尼经》一卷。

阿尼哥（1244～1306），元代建筑师，泥婆罗（今尼泊尔）人。阿尼哥自幼诵习佛经，深谙梵文。稍长，即擅长画塑和铸金为像。中统年间，忽必烈命八思巴造黄金塔于吐蕃。由于泥婆罗人擅长绘画建筑艺术，于是下令征招，后有八十人应招，令推一人领队，年仅十七岁的阿尼哥自请为之。第二年，塔成请归，八思巴因欣赏其才，故请其留下，收为弟子，并向元朝政府推荐。阿尼哥凭其真才实学，深得元廷器重，但凡重大工事，均委其总管。元成宗大德十年（1306），阿尼哥卒于大都，终年六十三岁。至大四年（1311），阿尼哥被追赠为开府仪同三司、太师、凉国公，谥敏慧。阿尼哥仕元四十余年，主持过多项重大工程，比如大圣寿万安寺塔、五台山佛塔、大都护国仁王寺之庄严佛像、西园之"凌空"玉塔、元世祖和察必皇后之织像等。阿尼哥对中国建筑及雕塑艺术最大的贡献就是"西天梵像"的创作和传授，以及尼泊尔式塔的设计和建造。因此，他是元代历史上最杰出的建筑和雕像艺术家之一。

以上就是八思巴最出色弟子中的一部分，他们都在当时的历史条件下以自己的聪明才智获得了重大成功，实现了自己的人生价值。八思巴到底是如何帮助他们取得进步的，我们如今已不甚清楚，但是可以肯定的是，他们在跟随八思巴的过程中，不管是言行举止，还是思想观念，一定受到了潜移默化的影响。

四、藏传佛教的高僧大德

作为一个著名的藏传佛教的高僧大德，八思巴最大的成就是在他四十六年的短暂人生中撰写了三十多种包括佛教在内的藏族历史文化巨著。从这个意义上讲，八思巴堪称中华民族文化发展史上，尤其是佛教文化发展史上的巨匠。

作为藏传佛教的高僧大德，八思巴一生著述达三十余种，内容涉及藏族历史文化的多个学科。根据丹曲先生的归纳，属于赞颂和祝祷方面的有《向道果法上师传承祝祷》《向密法上师传承祝祷》《向大威德金刚法传承祝祷》。属于五台山期间的有《上师颂》《法主颂——颂声之海》《释迦王颂》《文殊名义颂》《五台山颂》《大手印修习经咒》《大手印七支法》《无上瑜伽》《喜金刚要义》《喜金刚续第二品之注疏》等。属于因真金太子而写的有《自入论》《吉祥源论》《观自入论之笔记》

《时道灌顶法》《三殊胜文》《身心之坛城》。属于密集方面的有《不动坛城之仪轨》《妙金刚现观要义》《佛智论师之历史》《十九天神修习法》。属于大威德方面的有《黑敌阎罗德迦修习法》《热派怖畏金刚坛城仪轨》《六臂怖畏金刚轮供》《六臂金刚修习法》《烧施法》《红阎摩敌十三尊修习法》《五尊修习法》《无畏金刚修习法》《俱舍法》。属于共同咒法方面的有《五十上师之要义》《根本续注疏教法誓明》。属于瑜伽续方面的有《行密所论无量寿》《无怨心之烧施》。属于行部方面的有《金刚手修习法》《摧破金刚修习法》《妙吉祥金刚修习法》《阿热巴札那修习法》《四臂观音修习法三篇》《狮子吼修习法》《弥勒修习法》《不动金刚修习法》《四臂不动金刚修习法》《具光明修习法》。属于五列方面的有《十六明妃二偈颂》《静行修行法》《五守护修行法》《宗法抛施食子》《消灾法》《去毒法》《修佛法》《灌顶诵咒法》《坚色修习法》。属于目录方面的有《密宗目录》《法王八思巴听法目录》。属于护法方面的有《宝帐依怙修习法》《献供法》《抛投食子法》《给龙投食子法》《给水投食子法》《为四方投食子法》。属于因明方面的有《十法行广说》《十法行》《为上师所写发愿文》《皈依发愿文》《彰所知论道》《果发明镜》《二谛论》《大乘之经咒》《女子仁钦所请教经论之要义》《五部深密经之要义》《续部之要义》《道论心要》。属于偈颂方面的有《口诀甘露滴》《七支法论》《无老无死七胜道》《厌离说》《字母顺序诗》《调伏外道大师记》《为江南降服而作之贺辞》。属于书信方面的有《答雅德巴之问》《答札仁之问》《答敦巴宗哲之问》《答官员罗追森格之问》。属于传授给元朝皇室的教诫及其要义类的有《给启必贴木儿所写的珍宝串珠》《为芒噶拉所写吉祥串珠》

《给皇子那木汗的信》《授忽哥之教诫》《授迭里哥不花之教诫》《授贴木俄噶之教诫》《授汗王真金之教诫三篇》《给蕃土僧众的信》《给擦绒巴的信》《给启必帖木儿的信》《给王子寄送的讲经文九篇》《给阿尼哥的信》《给班智达纳西噶热的信》《为以后举行法会给乌思藏地方诸因明学者的信》《给乌思藏地方噶当派的信》《给达垅巴的信》《给扎桑的信》。属于为写造佛经而作的赞词有《为皇子真金写造佛经而作的赞词》《为真金写造华严经而作之赞词》《为芒噶拉写经而作之赞词》《为王子启必帖木儿写经而作之赞词》。属于迴向及赞颂吉祥方面的有《为王妃突干突弥赞颂吉祥词》《为皇子真金赞颂吉祥词》《为芒噶拉父母所写四行诗一首》《为启必帖木儿父母所写的四行诗》《为大王妃所写四行诗一首》《吉祥诗一首》。

以上只是帝师八思巴毕生著述中的一部分，在我们今天看来也可以称为丰富了，并且其学术价值也很高。我们仅以其所撰《彰所知论》为例。《彰所知论》乃八思巴三十余种著作之一，是八思巴为太子真金讲授佛法而撰写的，其在当时很流行，并且具有相当的学术价值。据孙林先生考证："八思巴……应太子数次请求，将萨迦历代祖师所积累的著述和个人心得综合于一起，在1276年返回萨迦寺后就开始动笔，1278年（阳土虎年）写出具有开蒙启悟式的教本《彰所知论》。"《彰所知论》共分两卷五品，第一为器世间品，第二为情世间品，第三为道法品，第四为果法品，第五为无为法品。其中，前两品主要内容是关于世界境域、地理和历史，后三品则是对宗教修行与实践的叙述。《彰所知论》成书之后，被八思巴的弟子沙罗巴翻译成汉文，并最终收入汉文大藏经中，被编入小乘论部之首部，由此可见其在佛教中的重要性。至于其在其他学科领域的价值，孙林先生说道："故而我们可以说，《彰所知论》尽管只是一部综合佛教教理与历史传承的简明读本，但它显然具有非常特别的史学意义。尤其是它第一次正式地把印度、西藏、蒙古的王统历史与佛教史并列，将眼光从雪域高原转向更大的空间。在这以后，一些藏族学者将汉文史料译为藏文，并积极撰写汉地、吐谷浑、突厥、蒙古、回鹘王统历史，表明在元朝统一中国后，西藏的学术研究的界限与交流的渠道已经大大开放了。"

这样看来，八思巴不愧为一代宗师，他的佛学成就足以支撑其藏传佛教史上巨星、泰斗、高僧大德这样的名号。甚至可以说，他的任何一项贡献都让我们有充分的理由去缅怀这位藏族历史上，同时是中华民族历史上的伟大人物。

第7章

斯人已矣，研究未止

八思巴已经离我们远去了，但是他的伟大事迹以及巨大贡献却使其永远烙在我们心中。因此，尽管八思巴已经入寂七百三十余年了，但是学界关于他的研究却从未停止过。

说到八思巴研究，我们不得不提到《帝师八思巴传》，它是八思巴及元代西藏史研究领域的一部力作，它的作者是我国著名藏学家陈庆英先生。陈庆英先生很早便涉足元代西藏历史与文化领域，他关于八思巴的研究成果有：《元朝帝师制度述略》（《西藏民族学院学报》1984年第1期）、《与八思巴有关的几份藏文文献》（《西南民族学院学报》1985年第1期）、《元朝帝师八思巴年谱》（《世界宗教研究》1985年第4期）、《八思巴评传》（载《中国民族史研究》，中国社会科学出版社1985年版）、《八思巴致元世祖忽必烈的新年吉祥祝辞探讨》（《甘肃民族研究》1986年第4期）、《忽必烈即位前的八思巴》（《思想战线》1987年第5期）、《八思巴致元世祖忽必烈新年吉祥祝辞》（《西藏研究》1987年第2期）、《大元帝师八思巴在玉树的活动》（《西藏研究》1990年第1期）、《元朝帝师制度及其历任帝师（上、下）》（《青海民族学院学报》1991年第1、2期）、《关于八思巴蒙古新字的创制》〔《青海民族学院学报》（社会科学版）1999年第2期〕等。可以说，陈先生在关于八思巴以及元代西藏历史文化，尤其是萨迦派历史文化研究方面，具有很大的影响力，就像他自己所说的那样："20世纪80年代，我在中央民族学院和青海社会科学院的藏学研究所工作期间，曾经因为工作的分工，集中对元代西藏和萨迦派的历史进行研究。在这期间我曾经两次去萨迦寺，并单独或者是与同事合作翻译了《汉藏史集》《红史》《萨迦世系史》等重要的藏文史籍。"更重要的是，陈先生对八思巴的事迹十分着迷，并有感于《元史》对其记载的过于简陋，产生了撰写一部关于八思巴生平的专著的想法。经过大量的资料收集与实地考察，1992年，由中国藏学出版社出版的《元朝帝师八思巴》得以问世，引起了很大的反响并很快售罄。于是，陈庆英先生作了细微修改和增补之后，2007年再次由中国藏学出版社将《帝师八思巴传》一书付梓出版。与《元朝帝师八思巴》相比，《帝师八思巴传》在部分文字与词句上进行了细微的修改，并将《八思巴年谱》和《八思巴以后的历任帝师》附录于后。

《帝师八思巴传》一书共分为七个章节，分别介绍了八思巴的家世、出生和少年时代、在大都的生活、首次返回萨迦后的活动、再次到大都、再回萨迦、圆寂等。其中，第一章主要介绍了八思巴所出之家族——萨迦款氏的起源传说、萨迦款氏在吐蕃时期的发展状况、萨迦教派的兴起、八思巴的伯父和父亲等内容；第二章主要介绍了八思巴的诞生和前往凉州以及在凉州的学习和生活等内容；第三章主要介绍了八思巴协助蒙古汗国建立藏族地区的驿站、获得《珍珠诏书》领总制院事、返回萨迦途中的情况等内容；第四章主要介绍了八思巴着手建立西藏行政体制的一些情况；第五章主要介绍了八思巴回到大都后向忽必烈进献蒙古新字进而被晋升为大元帝师、主持元朝皇室的佛事活动以及以自己的方式支持元军灭亡南宋等内容；第六章主要介绍了八思巴再次返回萨迦之前出居临洮、真金太子护送回藏以及回到萨迦后的一些情况；第七章主要介绍八思巴圆寂及其身后的荣耀。

总体而言，专著《帝师八思巴传》的特点就是史料翔实、考证严准、遣词精确、思维缜密。陈庆英先生站在历史唯物主义的立场，从加强民族团结和促进祖国统一的高度，以学者的专业眼光，选取典型事例，叙论结合，旁征博引，较为客观而真实地反映了大元帝师八思巴不平凡的一生。

《帝师八思巴传》是关于八思巴研究方面最早的成果之一，它为后来的研究者们提供了关于本领域的相对丰富的参考资料，因此其学术价值显得弥足珍贵。尤其值得称道的是，陈庆英先生所整理的《八思巴年谱》，弥补了汉文史籍对八思巴生平记述零星、分散的缺憾，同时也是对藏文史籍由于不太重视年代记述而导致语焉不详、相互抵牾等缺憾的一个很好的弥补，这为我们研究八思巴生平提供了很大的便利。陈先生定然为此耗费了不少心血，也正由于此，他也是值得后学晚进钦佩的。

有关八思巴研究的另一部重要著作是王启龙先生的《八思巴评传》。王启龙先生是我国年轻一辈的著名藏学学者，《八思巴评传》一书是在其博士论文《八思巴生平与〈彰所知论〉对勘研究》的基础上加以扩充和深化而形成的。

《八思巴评传》共分为五个部分：第一部分主要介绍了八思巴的家世传说；第二部分主要介绍了少年时代的八思巴；第

三部分主要介绍了青年时代的八思巴；第四部分主要介绍了国师时期的八思巴；第五部分主要介绍了帝师时期的八思巴。与其博士论文相比，王启龙先生的《八思巴评传》最大的变化就是将原属于《彰所知论》对勘研究的部分变成了附篇。

《八思巴评传》一书的特点主要就是作者十分注重对史料的考证，并且在考证的基础上作出了属于自己的合理推论，尽管有些见解在旁人看来是比较独特的，但仍能使读者信服。此外，作者的文字功底较为深厚，做到了深入浅出、雅俗共赏。最值得一提的是作者关于八思巴名著《彰所知论》的相关研究。作者通过对汉、藏文版《彰所知论》的对比阅读，对该书汉藏文版本、史料来源等进行详细的考证（在其博士论文中，作者还对《彰所知论》具体内容作了较为翔实的注释）。这些都是难能可贵的，同时也是我们研究八思巴及其论著的重要参考资料。

除了专注于八思巴生平研究的著作外，还有诸部关于八思巴字研究的专著，比如由俄国学者龙果夫著、唐虞翻译的《八思巴字与古汉语》（科学出版社1959年版），由美国学者尼·鲍培著、郝苏民翻译的《〈八思巴字蒙古语碑铭〉译补》（科学出版社1986年版），以及郝苏民著的《鲍培八思巴字蒙古文献语研究入门》（民族出版社2008年版），等等。此外，照那斯图的《八思巴字和蒙古语文献I研究文集》（1990年）和《八思巴字和蒙古语文献II文献汇集》（1991年）更是以文集的形式收录了若干以八思巴字书写的蒙古语文献以及学界关于八思巴字与蒙古语文献研究的诸多成果。

除专著外，有关八思巴研究的论文更是不计其数。譬如，格桑达吉的《试论八思巴在蒙藏历史上的贡献》（《内蒙古社会科学》汉文版1990年第6期）一文从政治、经济、文化等方面介绍了八思巴对藏族和蒙古族的发展所作出的重大贡献。张利荣的《浅析八思巴被忽必烈赏识之原因》(《甘肃行政学院学报》2001年第3期)从政治、宗教、个人三方面说明了八思巴被忽必烈赏识的原因。刘海霞的《八思巴对祖国统一的贡献》〔《内蒙古民族大学学报》(社会科学版) 2002年第1期〕认为八思巴促进了汉、蒙、藏各族之间宗教、经济、文化交流及西藏地区的经济发展,推动了历史的前进。郜林涛的《八思巴与五台山》(《五台山研究》2000年第4期)从五台山历史发展的角度考证了八思巴在五台山的一系列活动。乌力吉的《关于〈彰所知论〉及其他》〔《内蒙古社会科学》(汉文版) 2001第6期〕论述了《彰所知论》与蒙古文献《本义必用经》和《蒙古源流》之间的具体关系。日本松井太的《八思巴字的制定——蒙古的文字政策》(《蒙古学信息》2002年第2期)考证了八思巴字的制定、在元朝的普及情况以及传播等内容。武·呼格吉勒图的《八思巴字资料及其研究概况》〔《内蒙古大学学报》(人文社会科学版) 1988年第4期〕论述了以八思巴字书写的蒙语、汉语资料及学界的有关研究。金欣欣的《八思巴字的性质及其与汉字的关系》〔《南阳师范学院学报》(社会科学版) 2003年第5期〕论述了八思巴字的性质及其与汉字的关系,并且通过大量的论据反驳了汉字取代八思巴字的错误观点。

　　以上就是学界关于八思巴研究的大致情形。总而言之,这些年来有关八思巴研究的成果日益丰富,也逐渐填补了许多空白,但还是不可避免地会存在研究上的一些不足,使我们对八思巴的了解仍未达到更深的层次和高度。关于八思巴,仍然还有许多未解之谜,而这,只好留待后来的人们去逐一破解了。

附　录

年　谱

1235年（藏历第四饶迥阴木羊年，蒙古窝阔台汗七年）　藏历三月六日出生于后藏昂仁鲁孔地方。其家族为萨迦款氏，父桑察·索南坚赞，母玛久贡吉。

1237年（阴火鸡年，窝阔台汗九年）　以三岁幼龄而说法，众人异之，故称"八思巴"（圣者）。

1238年（阳土狗年，窝阔台汗十年）　随萨班至吉隆地方的帕瓦底寺。

1239年（阴土猪年，窝阔台汗十一年）　其父逝于后藏拉堆朵格地方。蒙古王子阔端派大将多达那波入藏，焚毁热振寺，杀僧俗五百余人，控制西藏大部。

1243年（阴水兔年，乃马真称制二年）　以幼童的身份在萨班举办的预备法会上讲经说法而声名大噪。

1244年（阳木龙年，乃马真称制三年）　八思巴兄弟随萨班前往凉州与阔端会晤，以期解决西藏地区的政治前途等问题。

1245年（阴木蛇年，乃马真称制四年）　在前往凉州途中受沙弥戒而正式出家为僧。

1246年（阳火马年，贵由汗元年）　萨班一行抵凉州而不遇阔端。

1247年（阴火羊年，贵由汗二年）　萨班与阔端举行凉州会晤，西藏地区归附蒙古汗国，撰《萨迦班智达致蕃人书》规劝吐蕃民众归顺蒙古。

1250年（阳铁狗年，海迷失称制二年）　撰首篇命题作文《怙主赞颂》。

1251年（阴铁猪年，蒙哥汗元年）　蒙哥即位，以忽必烈总领漠南军民庶

务。与忽必烈首次见面，彼此留下深刻印象。萨班与阔端相继去世。

1252年（阳水鼠年，蒙哥汗二年）　致信扎巴僧格等，请求传授比丘戒。
　　致信卫藏高僧大德，通报萨班死讯。写就《吉祥金刚大黑天兄妹修
　　行法》。

1253年（阴水牛年，蒙哥汗三年）　再遇忽必烈，并与之讨论藏族历史与
　　文化。

1254年（阳木虎年，蒙哥汗四年）　忽必烈赐给《藏文诏书》保护僧人
　　利益。写就《英勇文殊菩萨修行法》以及《释迦法王功德赞颂及祈
　　愿文》。

1255年（阴木兔年，蒙哥汗五年）　写祝词向忽必烈一家祝贺新年。在临
　　夏受比丘戒并写就《胜乐具生》。

1256年（阳火龙年，蒙哥汗六年）　写就《文殊菩萨修行法》等四部
　　著作。

1257年（阴火蛇年，蒙哥汗七年）　写就《不动佛烧施仪轨》等七部
　　著作。

1258年（阳土马年，蒙哥汗八年）　写就《道果法明鉴》。参加释、道辩
　　论并驳倒众道士，使佛教最终获胜。

1259年（阴土羊年，蒙哥汗九年）　写就《密宗行部所说无量寿佛修行
　　法》等三部著作。蒙哥汗暴卒军中，忽必烈与宋军议和而北返欲与阿
　　里不哥争夺汗位。

1260年（阳铁猴年，世祖中统元年）　写就《为大乘经藏开光而作》《吉
　　祥喜金刚续二观察之注释》。同年，被元世祖忽必烈封为国师并统领
　　天下释教。

1261年（阴铁鸡年，中统二年）　协助建立西藏地区的驿站。

1262年（阳水狗年，中统三年）　写就《吉祥密集不动金刚坛城之仪轨》
　　《金刚摧破修行法及烧施》。

1264年（阴木鼠年，至元元年）　忽必烈赐给《珍珠诏书》，设立总制
　　院，以八思巴领总制院事。动身返回萨迦，于途中写就《自入吉祥喜

金刚坛城之仪轨》。

1266年（阳火虎年，至元三年）　写就《文殊菩萨五台山赞颂——珍宝之蔓》。设置十三种私人侍从官。

1267年（阴火兔年，至元四年）　写就《修习简要》等四部著作。

1268年（阳土龙年，至元五年）　萨迦南寺开始兴建。

1269年（阴土蛇年，至元六年）　八思巴字颁行。

1270年（阳铁马年，至元七年）　被晋升为大元帝师，并主持元朝皇室的大型佛事活动。写就《根本说一切有部出家授近圆羯磨仪轨》。

1271年（阴铁羊年，至元八年）　写就《胜乐法坛城众神赞颂》等六部著作。蒙古正式改国号为"大元"。

1272年（阳水猴年，至元九年）　写就《授皇子忽哥口诀》《亥母三十七天女之现观》。

1273年（阴水鸡年，至元十年）　为王子启必帖木儿造佛经写赞词。写就《吉祥梵天赞颂》等四部著作。

1274年（阳木狗年，至元十一年）　动身返回萨迦前将本钦贡噶桑波革职。写就《在无量光佛前消除恶业法》。

1275年（阴木猪年，至元十二年）　写就《白伞盖之修习法及念诵法》等九部著作。为真金讲《彰所知论》。

1276年（阳火鼠年，至元十三年）　写就《为造佛经所题之赞语》等十部著作。年底返回萨迦，以达玛巴拉为自己的继承人。

1277年（阴火牛年，至元十四年）　举行曲弥法会。写就《大乘佛法口诀》《心要集》。

1278年（阳土虎年，至元十五年）　写就《彰所知论》等五部著作。为真金所书佛经写赞词。

1279年（阴土兔年，至元十六年）　忽必烈派桑哥前往平息贡噶桑波之乱。写就《光明天神修行法及赞颂》等四部著作。

1280年（阳铁龙年，至元十七年）　写就《修行法次第》。是年十一月二十二日圆寂，达玛巴拉继承法主之位。忽必烈下令镂版印造八思巴新译戒本五百部，颁降诸路僧人。

1282年（阳水马年，至元十九年）　元朝造八思巴舍利塔于大都。

1319年（阴土羊年，延佑六年）　元朝诏令各郡建帝师八思巴殿。

1324年（阳木鼠年，泰定元年）　元朝下令绘八思巴像十一，颁发各省以
祭祀。

主要著作

八思巴一生著述达三十余种，内容涉及藏族历史文化的多个领域，主要
有：《向道果法上师传承祝祷》等三篇；《上师颂》等十篇；《吉祥源论》
等六篇；《不动坛城之仪轨》等四篇；《黑敌阎罗德迦修习法》等九篇；
《五十上师之要义》等两篇；《无怨心之烧施》等两篇；《金刚手修习法》
等十篇；《静行修习法》等九篇；《密宗目录》等两篇；《献供法》等六
篇；《十法行广说》等十二篇；《口诀甘露滴》等七篇；《答雅德巴之问》
等四篇；《给皇子那木汗的信》等十七篇；《为芒噶拉写经而作之赞词》等
四篇；《吉祥诗一首》等六篇。其著作多已收入《萨迦五祖全集》。

参考书目

1. 陈庆英：《帝师八思巴传》，中国藏学出版社，2007年。

2. 王启龙：《八思巴评传》，民族出版社，1998年。

3. 达仓宗巴·班觉桑布著，陈庆英译：《汉藏史集》，西藏人民出版
社，1986年。

4. 蔡巴·贡噶多吉著，陈庆英、周润年译：《红史》，西藏人民出版
社，1987年。

5. 阿旺·贡噶索南著，陈庆英、周润年、高禾夫译：《萨迦世系
史》，西藏人民出版社，1989年。

6. 丹曲：《萨迦王朝的兴衰》，民族出版社，2004年。

7. 牙含章：《达赖喇嘛传》，华文出版社，2001年。

8. 孙林：《藏族史学发展史纲要》，中国藏学出版社，2006年。

9. 李强：《成吉思汗的黄金家族》，金城出版社，2010年。

10. 朱耀廷、俞智先、王文升：《大元帝师八思巴》，中央编译出版社，2009年。

11. 蔡峰：《纵马驰中原——忽必烈的治国谋略》，华夏出版社，2000年。

12. 阿旺·贡嘎索南：《萨迦世系史》，西藏人民出版社，2002年。

13. 宋濂：《元史》，中华书局，2000年。